Rolf Schneider · Kleine Geschichte des Landes Mecklenburg-Vorpommern

Argon

Rolf Schneider

Kleine Geschichte des Landes Mecklenburg-Vorpommern

von Bernd

Weihnachten 1997

Argon

Bildnachweis: Antiquariat Buchholz, Köln, S. 166; Archiv Der Tagesspiegel, S. 10f., 14f., 32, 38, 56f., 111, 120f., 131, 159, 163, 169; Archiv K. W. Jähnig, Berlin, S. 155; Bildarchiv Preußischer Kulturbesitz Berlin, S. 77, 97, 151, 173; Jürgens Bildagentur, S. 85; Hartmut u. Margit Musewald, Schwerin, S. 27.

Potsdamer Straße 77–87, 10785 Berlin
Satz: IBV Satz- und Datentechnik GmbH, Berlin
Druck und Bindung: Wiener Verlag, A-2325 Himberg

Umschlag: Jürgen Freter unter Verwendung des Bildes
»Ländliche ebene Gegend«, um 1822/23
Abdruck mit freundlicher Genehmigung der
Verwaltung der Staatlichen Schlösser und Gärten, Berlin

ISBN 3-87024-243-4

Inhalt

Vorwort 7
Geographie, Natur- und Frühgeschichte . . . 9
Landnahme: Germanen und Westslawen . . 21
Früher Zwist: Obotriten, Wilzen und christianisierte Germanen 30
»Wendenkreuzzug« und Christianisierung: Heinrich der Löwe und die Obotriten Niklot und Pribislaw 39
Germanisierung und Stadtgründung 42
Dänische Begehrlichkeit und politische Zellteilung 45
Die wendischen Städte: Lübeck, Wismar, Rostock und Stralsund 51
Wie man mit Vatermördern, Raubrittern und Schlagetoten Politik macht 60
Kernland der Hanse 70
Familienbande I: Albrecht, ein Schwedenkönig aus Mecklenburg 81
Die Feudalverfassung auf dem platten Land: Das Leben im Dorf 90
Familienbande II: Erich, ein Schwedenkönig aus Pommern 103
Mönchsorden und Zünfte: Das Leben in der Stadt 109
Reformationszeit, Agrarkrise und Entstehung der Gutswirtschaft 118
Mit Mecklenburg-Schwerin und Mecklenburg-Güstrow in den Dreißigjährigen Krieg 128

Druck aus Norden: Schweden in Vorpommern; Entwicklung der Gutswirtschaft 135
Karl Leopold, Peter der Große, eine tatsächliche Bauernrevolte und der Erbvergleich von 1755 141
Druck aus Süden, das erste Badehaus und die »Franzosentid« 146
Vom Wiener Kongreß bis 1850: Alles bliwt bi'n Ollen. Ansonsten: Weltkunst 154
Mit einer Literatursprache im Norddeutschen Bund 162
Erblasten und politische Schwerkraft: Von der Reichsgründung in die neue Bundesrepublik 168

Vorwort

Schwermut liege über dem Ganzen. »Seltsames Bild, wie hingemalt von den Fingern eines Träumenden an den Horizont.« Eine Fabelstadt tauche aus dem Meere, »grelles klirrendes Geschrei und dazwischen süße Akkorde«, hinter allem verberge sich wohl ein Geheimnis ihrer Geschichte. Dieses etwas romantizistische Bild stammt von Ricarda Huch und gilt zunächst bloß der mecklenburgischen Hafenstadt Wismar. Es ließe sich gleichermaßen für die östlich anschließenden Küstenregionen verwenden und für einen Großteil des mecklenburgischen Hinterlands.

Geheimnis der Geschichte? Die Autorin, selber eine historisch gebildete Person und Verfasserin mehrerer einschlägiger Prosaarbeiten von beträchtlichem Umfang und Rang, huldigt damit offenbar einer Überzeugung, die hinter geschichtlichen Abläufen ein rätselhaftes Walten vermutet und der die blinden Flecken innerhalb einer historischen Chronik nicht bloß die zufälligen Lücken einer Überlieferung sind.

Dies alles wäre dann eine von mehreren möglichen Arten des Umgangs mit der Geschichte. Andere setzen auf die zyklische Abfolge einander ähnlicher Zivilisationskonstrukte (mit den jeweiligen Abschnitten Aufstieg, Höhepunkt, Zerfall) oder auf den allgemeinen, dialektisch vollzogenen Fortschritt.

Man wird sich jedes dieser Denkmodelle im

Umgang mit der Geschichte Mecklenburgs und Vorpommerns bestätigen lassen können, sofern man es denn will. Die Weise, wie wir die Materialien dazu aufbereiten, wird sich am nunmehr über hundert Jahre währenden Methodenstreit der Geschichtsschreibung großenteils vorbeibewegen. Dies läßt sich schon durch unsere einigermaßen bescheidenen Umfänge rechtfertigen, wobei die flüchtige Reverenz an einen Klassiker unseres Geschäftes gleichwohl nicht verabsäumt werde: Friedrich Christoph Dahlmann, tapferer Liberaler, Autor einer »Quellenkunde der deutschen Geschichte« und 1785 geboren im eingangs zitierten Wismar.

Geographie, Natur- und Frühgeschichte

Mecklenburg-Vorpommern als Bundesland ist ein politisches Kunstprodukt. In seiner heutigen Form und seinen gegenwärtigen Grenzen war es nach dem durch Deutschland begonnenen und verlorenen zweiten Weltkrieg entstanden und ist also dessen Ergebnis. Zusammengesperrt wurden zwei benachbarte, obschon historisch voneinander weitgehend unabhängige norddeutsche Landschaften.

Vorpommern ist nurmehr ein Fragment. Das alte Pommern, zuletzt Bestandteil Preußens, wurde 1945 gespalten und der größere, östliche Teil zu Polen geschlagen. Mecklenburg blieb bis zum völligen Ende der Feudalherrschaft in Deutschland eine einheitliche Kulturlandschaft, war aber fast durchweg aufgeteilt in separate Herrschaften, von denen die letzten als zwei autonome Herzogtümer über mehrere Jahrhunderte bestanden.

Das Bundesland Mecklenburg-Vorpommern wird im Norden durch die See, im Osten durch die Oder begrenzt. Im Westen bilden die Grenze der Elbe-Lübeck-Kanal und im Südwesten die Elbe. Die sehr unruhige südliche Scheidelinie zu Brandenburg verläuft unterhalb der Mecklenburgischen Seenplatte. Sie hat ihre südlichste Ausbuchtung bei Fürstenberg und Gartz, ihre nördlichste bei Friedland. Die alte Grenze zwischen Mecklenburg und Pommern wird in etwa durch die Flüsse

Mecklenburg, Kupferstich von Caspar Merian, 1653

MEKLENBVRG
DVCATVS
POMERANIÆ
PARS
Der Dars
Muritz
lacus
Calpin lac
Malchin
Dargun
Demmin
Brandenborch
Stargard
Furstenberg
Waren
Milliaria Germanica Communia
Milliaria Gallica Communia
Oriens

Recknitz und Trebel markiert. Sie ist heute von vorwiegend abstrakter Bedeutung und wird für Außenstehende am ehesten durch die vor manchen Fenstern aufgesteckten Fahnen mit ihren unterschiedlichen Landesfarben wahrnehmbar. Oder durch die Wappen. Mecklenburg stellt sich unter das düstere Symbol eines gekrönten Stierschädels, im Dialekt: Ossenkopp, Pommern unter jenes eines Gripen oder Greifen.

Das Bundesland Mecklenburg-Vorpommern zeigt sich flach und wasserreich. Es ist dünn besiedelt, und es ist eine immer noch vorwiegend agrarisch bestimmte Region. Die Ressourcen sind bescheiden. Selbst unter den neuen Bundesländern gilt es als ausgesprochenes Armenhaus.

Den wichtigsten Aktivposten des Landes stellt - nach der eingetretenen und wohl auch unvermeidlichen Krise der Landwirtschaft - die Natur. Also die vielfach noch unberührte Landschaft, auf deren touristische Nutzung im Zeitalter einer anwachsenden Freizeitindustrie man sich mehr und mehr besinnt.

An der Küste geschah dies längst. Mecklenburg-Vorpommerns Ostseestrände bildeten den Ursprung allen Seebäderbetriebs in Deutschland überhaupt. Reich gegliedert in Buchten und Bodden, in Nehrungen, Halbinseln und Inseln, worunter zum Beispiel auch Deutschlands größtes Eiland Rügen rechnet, ist die heutige Gestalt der Küste das Ergebnis von erdgeschichtlichen Vorgängen, die hauptsächlich ins quartäre Diluvium fallen.

Vorausgegangen waren Prozesse in mannigfacher Form. Sie vollzogen sich in Zeiträumen, die nach Jahrtausenden maßen.

Norddeutschland, wie alles nördliche Europa, wurde mehrfach von Meeren überspült. Zurückgebliebene und auffindbare Sedimente beweisen das.

Die Ostsee in ihrer endgültigen Form ist ein vergleichsweise junger Meeresteil, abgeschnürt, flach, fast gezeitenfrei. Im Tertiär schoben sich von Skandinavien her Gletscher nach Süden, bis zu den deutschen Mittelgebirgen. Die Eisschicht betrug mehrere hundert Meter. Es gab Zwischenperioden der Erwärmung, in denen das Eis abschmolz, die Erdkruste senkte sich, das Becken der Ostsee entstand und wurde überflutet. Nach der letzten Eiszeit verblieben dann die flachwellige Grundmoränenlandschaft des mecklenburgischen Nordens und Ostens und die Endmoränenlandschaft der Seen.

Möglich, daß es erste menschliche Besiedlungen Mecklenburgs während der letzten Zwischeneiszeit gegeben hat. Die Sache bleibt Spekulation. Die Zeugnisse, wenn sie existieren, lägen unter den Geschieben der letzten Vereisung: riesigen Schuttmassen mit den erratischen Blöcken der Findlinge.

Die Schmelzwasser der Gletscher verrannen allmählich, die Temperaturen stiegen an, Moore entstanden, Torfmoose wuchsen. Wald existierte bloß erst an den Mittelgebirgen. Nördlich davon begannen die Tundren, auf deren lehmigen Böden sich Grasnarben bildeten und danach Sträucher ihre Wurzeln schlugen. Später folgten Birken und

Pommern, Kupferstich von Caspar Merian, 1652

LTICVM
See
POME
RELLIA
POLONIÆ
PARS
marck
PARS
POMERANIÆ
DVCATVS
TABVLA.

Kiefern, schließlich Laubbäume. In der Fauna geschah die Ablösung der arktischen Tierwelt durch Wisent, Elch, Hirsch und Schwarzwild.

Die ältesten Spuren menschlicher Existenz in den Räumen Mecklenburgs und Vorpommerns entstammen dem ausgehenden Paläolithikum. Das ist die Zeit zwischen 10000 und 8000 vor Christus.

Die Funde sind zunächst eher mager. Einzelne Gerätschaften aus Stein, Knochen und Geweihen. Die Lebensumstände jener Menschen müssen über ethnische Vergleiche erschlossen werden: Sie lebten von der Jagd, vom Fischfang, vom Sammeln pflanzlicher Nahrung, sie waren in größeren Familienverbänden von möglicherweise matriarchalischer Struktur organisiert. Die Besiedlung war spärlich. Dies beweist sich durch die Seltenheit der Funde. Ein bevorzugter Siedlungsort war Rügen wegen der dort reichlichen Vorkommen an Feuerstein.

Das Mesolithikum erbrachte einen stärkeren Zuzug von Menschen. Siedlungszentren wurden die Seen und die Küste. Anzahl und Perfektion der Gerätschaften nahmen zu. Die Funde erlauben Zuordnungen zu benachbarten Kulturkreisen im Bereich des heutigen Nordwestdeutschland und in Dänemark. An den Grundformen des Lebens hatte sich gegenüber der Altsteinzeit nur wenig geändert.

Der alles umwälzende Übergang zu den materiellen Produktionsformen des Ackerbaus und der Viehhaltung wird im beginnenden Neolithikum gesehen. Es hebt an um 3000 v. Chr.

Bäuerliche Kultur setzt feste Behausung voraus, dörfliche Siedlungsformen, auch eine patriarchalische Gesellschaftsstruktur. Sinnliche Vorstellungen davon vermitteln die erhaltenen Totenstätten: jene im gesamten Nordeuropa verbreiteten Dolmen- oder Hünengräber, gewaltige Steinhäuser, manchmal aus mehreren Kammern, mit Platz für Hunderte von Leichen. Sie spiegeln eine über den Augenblick des Sterbens hinaus fixierbare Sozialordnung. Beigaben bestätigen die religiösen Überzeugungen von einem postmortalen Leben, und da es nicht anders vorstellbar war als das Leben vor dem Tode, wird es für die Nachgeborenen zu dessen wichtigem Dokument.

An Haustieren wurden Pferde, Rinder, Schafe, Schweine, wahrscheinlich auch Ziegen gehalten. Die Werkzeuge sind vielfältig und zahlreich. Unter ihnen gibt es durchbohrte Steinäxte und steinerne Handmühlen für das angebaute Getreide. Schmuckstücke sind aus Stein, Horn oder Knochen gefertigt. Die Wegzehrung der Toten befindet sich in Tongefäßen, deren charakteristische Form, Trichterbecher, den Namen hergibt für den gesamten Kulturkreis.

Dieser alles entscheidende Zuwachs an Erfahrung und Zivilisation, gemeinhin unter den Begriff der ersten gesellschaftlichen Arbeitsteilung gefaßt, kam aus Vorderasien. In den Norden gelangte er auf dem Weg über das südöstliche Europa, vielleicht durch Einwanderungen, vielleicht durch Akkulturation. Überhaupt existierte ein deutliches Kulturgefälle von Süd nach Nord, und dabei sollte es für das folgende Jahrtausend bleiben.

Der nächste Zivilisationsschub, der den gleichen Weg nehmen sollte, betraf die Anfänge einer Metallverarbeitung im Bronzezeitalter.

Metallene und steinerne Gegenstände existierten anfangs nebeneinander. Die fertigen Produkte oder, später, die Rohmetalle gelangten über Tauschhandel ins Land. Ein bevorzugtes Zahlungsmittel dürfte der überall in Europa hochbegehrte Bernstein gewesen sein.

Allenthalben veränderte sich das Dasein. Die soziale Differenzierung machte Fortschritte. Aufwendige Begräbnisstätten wie das sogenannte Königsgrab von Seddin, bei Perleberg, lassen auf die Existenz von Stammesfürsten schließen. Die Dolmengräber verschwanden zugunsten der Einzelbestattungen.

Befestigte Burganlagen entstanden und geben Zeugnis auch für eine bereits entsprechend ausgebildete Arbeitsorganisation. Die Irdenwaren wechselten in neue Formen. Aus den Trichterbechern wurden Kugelamphoren, deren Wände eine Verzierung durch Schnurmuster erfuhren.

Weitere Erkenntnisse etwa über die ethnische Eigentümlichkeit der damaligen Bewohner lassen die Funde indessen kaum zu.

Ältere Historiker sprechen in diesen Zusammenhängen gerne von einer arischen oder indogermanischen Bevölkerung. Die wahnhaften Rasseforschungen in Zeiten der Hitlerei hat solche Terminologie allerdings nachhaltig beschädigt und mit ihr zugleich den Gegenstand.

Das Indogermanische ist zunächst nicht viel mehr als eine durch Rückschlüsse und Vergleiche gewonnene Arbeitshypothese. Sie gründet auf die offenbaren Verwandtschaften von mehreren Sprachen und Sprachgruppen, die zwischen europäischer Atlantikküste und indischem Subkontinent existieren. Als ursprünglich einheitliche Sprache hätte sie zur Voraussetzung eine Sprachgemeinschaft. Daß deren Teilhaber noch weitere anthropologische Ähnlichkeiten aufwiesen, ist wahrscheinlich. Beweisen oder zwingend folgern läßt es sich nicht.

Als die Urheimat der indogermanischen Völkerfamilie werden Osteuropa und Vorderasien angenommen. In die Landschaften zwischen Elbe und Oder wären ihre Angehörigen demnach erst auf längeren Migrationswegen gelangt. Nach ihrem Eintreffen hätten sie sich mit einer möglicherweise bereits hier seßhaften Urbevölkerung vermischt, oder sie hätten diese verdrängt.

Überhaupt scheint das gesamte letzte Jahrtausend vor der Zeitenwende in den Gebieten des heutigen Mecklenburg und Vorpommern durch immer wiederkehrende Bevölkerungsbewegungen bestimmt. Die bezeugbaren Zivilisationsschübe ließen sich anders nur schwer erklären.

Die Totenbestattung änderte sich nochmals gründlich. Die Leichen wurden jetzt verbrannt: Es beginnt eine Zeit ausgedehnter Urnenfelder. Um 600 v. Chr. setzte die Eisenzeit ein. Ähnlich den Anfängen der Bronzeverarbeitung wurden eiserne Gegenstände zunächst importiert, später im Land selbst hergestellt, auch mit Metallen aus eigenem Vorkommen. Schließlich ergaben sich zivilisatorische Übereinstimmungen solcher Art, daß sich von einem förmlichen Kulturkreis sprechen läßt. Er wird üblicherweise benannt nach der niedersächsischen Ortschaft Jastorf, nahe Uelzen, wegen eines dort gemachten und sehr umfänglichen archäologischen Fundes.

Man nimmt an, daß die Jastorfleute in Mecklenburg Germanen waren. Dieser besondere Volksname findet zuerst bei römischen Autoren Verwendung, und mit deren Zeugnissen läuft dann auch für den Raum zwischen Elbe und Oder allmählich aus, was wir Vor- und Frühgeschichte zu nennen pflegen.

Wir binden Geschichte an die schriftliche Überlieferung. In unserer wie auch in anderen Sprachen wird nun dieses Wort, Geschichte, ganz allgemein fürs kausale Erzählen verwendet, gleichgültig, ob es dabei um dokumentierbares Menschheitsgeschehen geht oder um anekdotische Fiktion. Der gleiche Name weist darauf hin, daß die beiden Bedeutungen sich nicht reinlich voneinander scheiden lassen: weil sie vielmehr und insgeheim miteinander identisch sind.

Dies unterstellt aber der Historiographie auch eine Willkürlichkeit, die dem Wissenschaftlichen entschieden widerspricht, und jedenfalls die antiken Autoren verkörpern diesen Gegensatz geradezu beispielhaft.

Landnahme: Germanen und Westslawen

Die Germanen, in zahlreiche Stämme gegliedert, bildeten einen übergreifenden Sprach- und Kulturkreis. Bei der Behauptung anderer, etwa anthropologischer Gemeinsamkeiten ist bereits wieder Vorsicht geboten. Die oft angeführte Blauäugigkeit und das Blondhaar sind keine germanischen Spezialitäten gewesen, denn sie fanden sich, Pigmentverschiebungen, die sie sind, gleichermaßen bei Kelten und Slawen, wie sie, umgekehrt, bei den Germanen nicht die durchgängige Regel gewesen sein dürften.

Sie waren Bauern. Sie bestellten Felder und hielten sich Vieh, die übliche Siedlungsform war das Dorf. Ihre Stämme bildeten soziale Organisationen mit einem Fürsten an der Spitze. Die römischen Autoren, auf deren Zeugnis wir hier angewiesen sind, reden von *principes* oder *reges.*

Die Germanen hingen einer polytheistischen Naturreligion an, deren Spuren sich sowohl in unseren Wochentagsnamen wie auch in den frühesten althochdeutschen Literaturdenkmälern und in den überlieferten skandinavischen Sagas erhalten haben. Man weiß, daß es einen Obergott namens Wotan oder Odin gegeben hat und daß die Eiche als ein heiliger Baum galt. Der gottesdienstliche Vollzug oblag Priestern, die auch weiblichen Geschlechts sein konnten. Es gab Formen einer kollektiven Mitbestimmung durch die Einrichtung des Things.

Man hat sich daran gewöhnt, das germanische Siedlungsgebiet in mehrere Unterregionen zu gliedern. Der mecklenburgische Raum hätte demnach Anteil gehabt am elbgermanischen Kreis im Westen und an der Odermündungsgruppe im Osten. Entsprechende Funde belegen, daß die Germanen im norddeutschen Raum sowohl zu Kelten wie zu Römern Handelskontakte unterhielten. Es wird angenommen, daß hier reisende römische Kaufleute unterwegs waren. Außerdem gab es eine fortwährende Wanderbewegung der germanischen Stämme, bei denen sich mit anderen ethnischen Gruppen Berührungen, auch solche der kommerziellen Art, wie von selbst herstellten.

Die Ursachen solcher Migrationen können sowohl Bevölkerungsdruck wie auch klimatische Verschlechterung gewesen sein. Man weiß: Gegen Ende der Bronzezeit erfuhr die mecklenburgische Region einen nachhaltigen Übergang zu kaltfeuchter Witterung. Die Böden vernäßten und wurden von ihren Bewohnern aufgegeben. Folge war, unter anderem, daß sich Siedlungsspuren der ursprünglich im Norden heimischen Jastorfleute noch bis hin zu den Küsten des Schwarzen Meeres finden.

Auch die Züge der Kimbern und Teutonen und der gallische Eroberungskrieg Ariovists könnten derartige meteorologische Gründe gehabt haben. Die großen germanischen Züge der nachchristlichen Jahrhunderte, die dann in der Völkerwanderung gipfelten und zum völligen Zerfall des römischen Reiches der Antike führten (womit zugleich das europäische Mittelalter anhob), sie hatten, so jedenfalls die Überzeugung der meisten Forscher, vor allem mit einem starken Bevölkerungszuwachs zu tun. Außerdem gab es den seinerseits wieder durch klimatische Katastrophen bedingten Druck der asiatischen Hunnen auf die germanischen Reiche im östlichen Europa.

Die Gebiete Mecklenburgs und Vorpommerns stellten hier nicht viel mehr dar als Durchzugsräume. Man nimmt an, daß die ursprüngliche Heimat der Langobarden das südwestliche Mecklenburg war. Das eigentliche Kernland zwischen unterer Elbe und Oder sei die Siedlungsregion der Warnen gewesen, die sich an den großen Migrationen kaum beteiligten. Die Besiedlung blieb gleichwohl dünn und nahm in den Jahrhunderten der Völkerwanderung eher noch ab. Die Forschung redet von germanischen Restgruppen und von weithin verödeten Ländereien.

Um 600 setzte in diesen überwiegend leeren Räumen eine stete Landnahme von Osten her ein.

Die Völkergemeinschaft der Slawen begann sich ab dem 1. nachchristlichen Jahrhundert immer mehr auszudehnen. Herkunftsregion war die Gegend zwischen Weichsel und Dnjepr, zwischen Pripjetsümpfen und Karpaten. Entsprechend der späteren Siedlungsbewegung wird zwischen Ost-, West- und Südslawen unterschieden, mit jeweils zuzuordnenden Spracheigentümlichkeiten. Bei alledem erfuhren die slawischen Dialekte insgesamt sehr viel weniger Differenzierung als etwa die germanischen.

Die in Gebieten des heutigen Mecklenburg und Vorpommern ansässigen Gruppen gehörten zu den Westslawen. Es handelte sich um die Völker der Obotriten, der Ranen und der Wilzen. Die letzteren wurden später, nach dem 10. Jahrhundert, auch unter dem Stammesnamen Liutizen geläufig. Die Grenze zwischen Wilzen und Obotriten, ein breiter Waldgürtel, verlief von der Kühlung im Norden bis zum Plauer See.

Die Landnahme in Mecklenburg war Teil einer allgemeineren westslawischen Siedlungsbewegung, die auch die ehemals germanischen Regionen östlich von Saale und Unstrut erfaßte. Verläßliches Indiz dafür sind die Orts- und Flurnamen auf *-ow* und *-itz*. Für die Westslawen im germanisch-deutschen Grenzgebiet kam bald die Bezeichnung Wenden in Umlauf, eine römische Entlehnung: Die Namen *Vanaeta* oder *Veneti* kommen bei antiken Autoren vor, so bei Tacitus.

Das heutige Mecklenburg-Vorpommern war fast ein halbes Jahrtausend hindurch Wendenland. Über die ersten Stadien des slawischen Vordringens ist fast nichts bekannt, über Lebensweise, Religion und Entwicklung des Sozialgefüges immerhin einiges. Außer Grabungsfunden existieren die schriftlichen Zeugnisse mehrerer mittelalterlicher Autoren wie der Kleriker Thietmar von Merseburg und Widukind von Corvey, aber auch des Abraham Jakobson, eines Reisenden, der sich 973 bei der Gesandtschaft des Kalifen von Cordoba am Hofe des Sachsenkaisers Otto I. aufhielt. Helmold von Bosau verfaßte 1167-72 eine förmliche Slawenchronik in zwei Bänden.

Konstituierende soziale Einheit der Wenden war demnach das Dorf. Die verbreitete Annahme, die typische westslawische Siedlungsform sei der Rundling gewesen, muß als irrig gelten. Wendische Dorfstrukturen waren vielmehr das Zeilen- und Gassendorf sowie das auf einem Hügelrücken situierte Sackdorf.

Haus, Hof und Garten waren Eigenbesitz. Alles Weide- und Ackerland wurde gemeinschaftlich besessen und genutzt. Entscheidungen und Aufsicht über den gesamten Wirtschaftsbetrieb oblagen dem Dorfältesten oder Starosten.

Es erfolgte bald jene Verfestigung ursprünglich noch mitbestimmter Amtsvollmachten, wie wir sie auch aus anderen Kulturkreisen kennen. Das Amt des Starosten wurde erblich. Der gemeinschaftliche Flurbesitz wurde aufgegeben. Die weitgehend egalitäre Dorfordnung zerbrach. Die Starosten entwickelten sich zu feudalen Gutsherren, während die übrigen Bauern formell frei blieben, aber verschiedene Formen der materiellen Abhängigkeit kannten, von der Pachtzahlung, dem Wozog, bis zu Hand- und Spanndiensten. Daneben noch gab es eine erhebliche Zahl an unfreien Knechten, den Smurden. Sie konnten verkauft werden. Es handelte sich bei alledem um reine Sklaverei.

Diese soziale Differenzierung ging mit einem Zusammenschluß zu größeren staatlichen Organisationsformen einher. Dörfliche Siedlungen erfolgten bevorzugt in der Nähe von Burgen, die in Konfliktfällen eine Zufluchtsstätte boten. Die Burgen befanden sich vorzüglich in sumpfigen Landschaften. Der Zugang geschah über Bohlenwege, die leicht kontrolliert und notfalls eingeholt werden konnten. Die Burgen selbst waren kunstvolle Fortifikationen, die einen ausgezeichneten zimmermännischen Standard ihrer Erbauer bezeugten. Ihre Überreste, große Erdwälle, finden sich in Mecklenburg noch heute.

Es entstanden schließlich förmliche Burgenketten. Aus dem Starosten war längst ein Burgherr und schließlich ein Gaufürst oder Supan geworden. Für Zwecke der militärischen Eroberung und Verteidigung entstand eine eigene Kriegerkaste, die dem Ministerialen- oder niederen Ritterstand der gleichzeitigen deutschen Feudalverhältnisse entsprach.

Im Schutze der Burgen wuchsen suburbane Ansiedlungen. Sie konnten als Handelsplätze Bedeutung erlangen. Das im östlichen Teil der Wismarer Bucht gelegene Reric war der älteste, nämlich schon 808 dokumentierte Ort solchen Zuschnitts in Mecklenburg. Er darf nicht mit dem heutigen Rerik verwechselt werden, vielmehr wurde er von dem Dänenkönig Göttrik völlig zerstört und niemals mehr aufgebaut.

Die bisher beschriebene und vergleichsweise hochentwickelte Sozialordnung ist vorwiegend am Beispiel der Obotriten gewonnen. Die östlicher und südlicher siedelnden Wilzen haben eine vergleichbare Form des zentralistischen Zusammenschlusses niemals erlangt. Gruppen- und Stammeshändel gab es beim einen wie beim anderen Volk, und auch darin unterschied man sich von den gleichzeitigen germanisch-deutschen Zuständen nicht.

Es scheint, daß die Wenden der Viehhaltung vor

Groß Raden. Eine slawische Burg bei Sternberg.

der Ackerwirtschaft den Vorzug gaben. Ihre Werkzeuge zur Bodenbestellung, voran die Pflüge, waren einigermaßen primitiv. Sie betätigten sich als ausgezeichnete Tischler, gute Schmiede und höchst kunstfertige Töpfer, wie entsprechende Funde beweisen. Ihre Häuser waren strohgedeckte Lehmbauten.

Was die Umgangsformen betrifft, so bezeugt Helmold, »daß kein Volk, was Gastlichkeit anlangt, ehrenwerter ist als die Slawen. Denn in Bewirtung der Gäste sind alle eines Sinnes und gleich eifrig, so daß niemand um eine gastliche Aufnahme zu bitten braucht. Was sie durch Ackerbau, Fischerei und Jagd erwerben, das geben sie mit vollen Händen hin und preisen den als den Tapfersten, der der Verschwenderischste ist, weshalb viele durch die Sucht, hierin Aufsehen zu erregen, zu Diebstahl und Raub sich verleiten lassen«.

Helmold war ein parteiischer Autor. Sein heimliches Ziel war die Rechtfertigung der Germanisierung. Dessenungeachtet scheint es, daß den Wenden in der Tat ein gewisser Hang zur Freibeuterei eignete, womit sie sich von ihren germanischen Nachbarn keinesfalls unterschieden. Raubkriege waren hier wie dort üblich. Gefangene wurden von den Wenden als Sklaven gehalten oder verkauft, sofern man sie nicht im Dienste der Religion hinschlachtete.

Diese Religion scheint nach einer einfachen manichäischen Ordnung funktioniert zu haben. Es gab einen guten und lichten Gott wie dessen bösen und düsteren Widerpart: Belbog und Czernebog. Auch von einer weiblichen Gottheit ist die Rede,

Siwa, einem Ernte- und Fruchtbarkeitsidol. Der Name der mecklenburgischen Ortschaft Schwaan geht auf ihren Namen zurück.

Die großen religiösen Feste hielten sich eng an den Ablauf des Sonnenjahrs. Es existierte eine Priesterkaste, die sehr angesehen war. Weiße Rösser galten als heilige Tiere.

Offenbar wurden außerdem lokale Gottheiten verehrt, die dann manchmal mit den zentralen Göttern verschmolzen. Für Obotriten und Wilzen bezeugt sind verschiedene Tempelanlagen eines Gottes namens Svantewit. Die wichtigste befand sich in Arkona auf Rügen.

Helmold berichtet noch von einer anderen Gottheit namens Radegast. Ihr Heiligtum lag am Tollensesee. »Eine hölzerne Brücke diente zum Übergang, der jedoch nur denen, die Opfer darbringen oder die Antwort des Gottes auf vorgelegte Fragen einholen wollten, gestattet war.« Man habe zunächst eine dreieckige Burg passieren müssen, danach einen einsamen Pfad, der hinführte zum Tempel. Dessen Bau habe auf Hörnern gestanden. Die Außenwände seien verziert gewesen mit Götzenbildern. Im Inneren hätten dann allerlei Statuen gestanden, und in ihrer Mitte erhob sich, gefertigt aus reinem Gold, das Bildnis des Radegast.

Früher Zwist: Obotriten, Wilzen und christianisierte Germanen

Wiligrad bedeutet: große Burg. Dies war der Name einer Fortifikation südlich der Wismarer Bucht. Die korrekte Eindeutschung, erstmals bezeugt in einer Urkunde Kaiser Ottos III. aus dem Jahr 995, lautete: Michelenburg, niederdeutsch Mecklenburg. Der Name ging dann auf die gesamte Landschaft über.

Bereits lange vorher waren intensive Berührungen zwischen Obotriten, Wilzen und dem fränkischen Reich Karls des Großen erfolgt. Sie leiteten eine drei Jahrhunderte währende Periode der Bündnisse, Zwiste, Eroberungen und Niederlagen ein, bei allen beteiligten Seiten. Will man so etwas wie eine innere Zielrichtung dieses Geschichtsabschnitts festmachen, ist sie nur in den immer wiederholten Bemühungen zu sehen, von germanisch-deutscher Seite endlichen Zugriff auf jene befremdliche Welt der Westslawen zu erlangen.

Die Mittel waren höchst unterschiedlich. Man hat es mit Spaltungen versucht, mit Unterdrükkung, mit Teilbündnissen, mit der Religion. Auch die Bestrebungen zur Christianisierung waren, hier wie anderswo, stets bloß der Vorwand oder das Vehikel von rein imperialen Interessen.

Derlei beweisen bereits die Kontakte Karls des Großen mit den Obotriten.

Sie waren ausschließlich strategisch bestimmt. Sie führten zu einem Militärbündnis des Frankenherrschers mit dem Wendenfürsten Witzan. Gemeinsamer Gegner waren zunächst die Sachsen des Herzogs Widukind. Im Krieg mit den Franken unterlegen, wurden sie beim Verdener Blutgericht von 782 abgestraft, indem an einem einzigen Tag im Oktober die Franken 4500 gefangene Anhänger der Herzogs hinmetzelten.

Widukind selbst nahm 785 die Taufe. Die Erhebungen der Sachsen gingen weiter und ließen sich erst durch Deportationen, Massenhinrichtungen und fränkische Ansiedlungen sehr allmählich niederzwingen. Die Obotriten dienten bei alledem als willige Helfer.

Das fränkisch-obotritische Militärbündnis bewährte sich gleichermaßen im Kampf gegen die wendischen Wilzen. 789 wurden sie unterworfen und dem Frankenherrscher tributpflichtig. Witzan selbst war formell Karls Vasall. Die kriegerische Unterstützung gegen die Sachsen, besonders der obotritische Einsatz bei Aufständen in Nordsachsen, führte dann dazu, daß Witzans Nachfolger Thrasko das gesamte Nordalbingien von Karl zum Lehen erhielt.

Die Konflikte der Wenden sowohl untereinander wie auch mit ihren nichtslawischen Nachbarn sollten fortdauern. Widukind war, ehe er sich Karl unterwarf, erst einmal zu den Dänen geflohen. Aufstrebende Großmacht im Ostseeraum, sollte Dänemark die Kriege und Auseinandersetzungen der Folgezeit vielfach mitbestimmen.

Als Vorposten gegen sächsischen Widerstand und als ein Zentrum der Heidenbekehrung entstand 787 der Bischofssitz von Bremen. 831 erfolgte die Umwandlung des sechs Jahre zuvor

Widukind, Grabstein aus dem 12. Jahrhundert.

gegründeten Grenzkastells Hamburg zum Sitz eines Erzbischofs. Hamburg wie Bremen, 865 zu einem Erzbistum vereinigt, sollten danach zu erheblichen Fixpunkten deutsch-wendischer Beziehungen werden.

Bereits unter den letzten Karolingern lockerte sich die Bindung der Obotriten an die Franken. Christianisierungsversuche schlugen fehl. Heinrich I., erster Sachsenherrscher, führte dann einen regelrechten Feldzug gegen die Wenden, den er 927 zu seinen Gunsten entschied. Es war dies ein ziemlich entscheidendes und lange nachwirkendes Ereignis. Heinrichs Sohn Otto I. setzte solche Politik konsequent fort, indem er für das deutsch-wendische Grenzland zwei energische Markgrafen bestellte.

Der eine, Gero, saß am Nordharz. Er erhielt die militärische Aufsicht über die Regionen von mittlerer Elbe und Saale. Ums Jahr 945 eroberte er die wilzischen Territorien an der Havel, die 948 folgende Gründung der Bistümer Havelberg und Brandenburg geht direkt auf ihn zurück. Er galt als rücksichtsloser Slawenfresser, welcher Tatsache seine beiden Romreisen ebensowenig widersprechen wie seine fromme Stiftung des Kanonissenstiftes Gernrode mit der berühmten romanischen Kirche.

Hermann, aus dem sächsischen Adelsgeschlecht der Billunger, erhielt 936 von Otto I. die militärische Oberaufsicht über das Gebiet der Niederelbe. Er schlug zunächst den wilzischen Hauptstamm der Redarier. Dann freilich geschah es, daß sich seine beiden Neffen Wichmann und Amelung der Fürstenopposition gegen Hermanns Auftraggeber Otto beigesellten.

Ihre wichtigsten Verbündeten dabei wurden zwei obotritische Fürsten, Nacco und Stoignef. Es kam zu erfolgreichen kriegerischen Aktionen der Wenden. Die Elbe wurde überschritten. Die Obotriten drangen tief ein ins sächsische Grenzgebiet und hinterließen Verwüstungen.

Otto war mit seinem Feldzug gegen die Ungarn beschäftigt und befand sich weit fort. Erst nach seinem entscheidenden Sieg, 955 auf dem Lechfeld, konnte er sich wieder um den Norden kümmern. Er marschierte durch wendisches Gebiet, traf zunächst kaum auf Widerstand, bis er schließlich seine Gegner stellen konnte. Die entscheidende und für den Kaiser siegreiche Schlacht begab sich im mecklenburgischen Seengebiet nahe Waren.

Das Ende aber war eine Art Ausgleichsfrieden. An den herrschenden territorialen Besitzständen änderte sich nicht viel. Lediglich die Gründung des Bistums Oldenburg in Holstein, gelegen auf einst wendischem Boden und für die weitere Missionierung Mecklenburgs und Vorpommerns gedacht, setzte ein Signal künftiger Bestrebungen. Ein erster Wendenfürst ließ sich auch taufen: der Obotrit Mistiwoi, Herr auf Wiligrad oder Michelenburg, der dann sogar ein Kloster gründete und seine Tochter Hodika zu dessen Äbtissin bestimmte.

Vieles schien jetzt auf eine allmähliche Akkulturation der Wenden zu deuten, aber dies war eine Täuschung.

Markgraf Hermann Billung starb 973, im selben Jahr wie Otto I. Dietrich, Hermanns Sohn und Nachfolger, zeichnete sich vor allem durch Härte und Habsucht aus und erregte damit den Zorn der Wenden. Kaiser Otto II. erfuhr 982 gegen die Sarazenen in Süditalien eine schwere militärische Niederlage, was sich bald herumsprach. Die Dänen fielen in die deutsche Mark Schleswig ein.

Dies alles führte dazu, daß, vermutlich unter dem dominanten Einfluß der Priesterschaft am Heiligtum des Radegast, die obotritischen und wilzischen Völker sich wider den deutschen Herrscher erhoben. Es wurde daraus der erste Wendenaufstand, mit erheblichen Folgen.

Die Bischofssitze Havelberg und Brandenburg fielen. Wilzen überschritten die Elbe. Das Nonnenkloster Mecklenburg wurde geschlossen, die übrigen Vorposten des Christentums auf wendischem Boden wurden geschleift. Die seit über hundert Jahre andauernden Versuche zu einer vorsichtigen Kolonisation und Christianisierung der Wenden waren erst einmal gescheitert.

Als runde zwei Jahrzehnte später der Piastenfürst Boleslaw Chrobry die westslawischen Stämme zwischen Oder und Weichsel zusammenführte und sich zum ersten polnischen König proklamierte, geriet er mit dem letzten Ottonenherrscher, dem später heilig gesprochenen Heinrich II., in Konflikt. Heinrich verbündete sich mit den Wilzen. Die Obotriten standen auf Boleslaws Seite. Die Auseinandersetzung endete mit dem Frieden zu Bautzen, bei Vorteilen für Boleslaw.

Die obotritische Option war kein Ausweis einer

etwaigen slawischen Solidarität, sondern entsprach bloß den antizentralistischen Neigungen des Obotritenherrschers. Der, Mistislaw, hatte sich deswegen außerdem mit dem Partikularismus des Sachsenherzogs Bernhard verbündet. Seinerseits bei seinen Untergebenen nicht unumstritten, fegte ihn 1018 ein Aufstand seines Volkes hinweg.

Aus den darauf folgenden innerobotritischen Wirren ging am Ende Mistislaws Bruder Udo-Pribigniew als Sieger hervor. Er wurde bald das Opfer eines sächsischen Mordanschlags. Udos Sohn Gottschalk, christlich getauft, Zögling des Michaelsklosters in Lüneburg, trat seine Nachfolge an.

Er vermochte es, nach anfänglichen Rückschlägen, die Alleinherrschaft über die Obotriten zu übernehmen. Er unterstützte die missionarischen Bestrebungen der Bistümer Hamburg und Oldenburg/Holstein. Er gründete selbst neue Bischofssitze, so den in Ratzeburg. Es begann sich eine politische Situation abzuzeichnen, die jener unter Mistiwoi und Hermann Billung, knappe hundert Jahre zuvor, ähnlich war. Da wurde 1066 der damals sehr mächtige Bischof Adalbert von Hamburg-Bremen gestürzt, und in der Konsequenz kam es zu einem neuerlichen Wendenaufstand.

Gottschalk verlor seine Macht und wurde erschlagen. Die von ihm einst gegründeten oder geförderten christlichen Zentren im Land, Klöster, Kirchen, Bischofssitze, brannten nieder. Selbst Hamburg fiel und wurde zerstört. Aus den vielen verworrenen Machtkämpfen, die sich anschlossen, ging als neuer obotritischer Alleinherrscher ein Fürst namens Cruto hervor.

Er regierte ein Vierteljahrhundert, dann wurde auch er gestürzt. Sein siegreicher Gegner hieß Heinrich und war ein Sohn des vormals gestürzten Fürsten Gottschalk. Heinrich gelang eine relative Befriedung im Zeichen des Ausgleichs und der religiösen Toleranz.

Er gründete jene Siedlung, aus der schließlich die Stadt Lübeck werden sollte. Er wehrte die Übergriffe der Dänen ab. Er verbündete sich mit dem sächsischen Herzog und nachmaligen Kaiser Lothar von Supplinburg. Das zentrale Heiligtum des heidnischen Gottes Radegast, Ort ständiger politischer Obstruktionen, wurde in der Zeit seiner Regentschaft zerstört, so gründlich und nachhaltig, daß über den Platz, wo es einst stand, nicht einmal Mutmaßungen existieren.

Heinrich starb 1127. Insgesamt gilt er als einer der erfolgreichsten westslawischen Regenten. Man kann sagen, daß erst die von ihm verantworteten Zustände schließlich zur Voraussetzung wurden für den Übergang der wendischen Territorien im mecklenburgischen Norden zu einem Siedlungsgebiet mit vorwiegend deutscher Bevölkerung und mit durchweg christlicher Kultur. Was auch heißt: Nach so vielen Kriegen, die nichts entschieden und bloß verwüsteten, fiel die große, die immer wieder intendierte politische Entscheidung eher im Zeichen der Friedfertigkeit. Wer will, mag darin eine ironische List der Geschichte erblicken.

Heinrich der Löwe, Grabstein aus dem 13. Jahrhundert.

»Wendenkreuzzug« und Christianisierung: Heinrich der Löwe und die Obotriten Niklot und Pribislaw

Pribislaw war ein Enkel Gottschalks. Er trat ein Teilerbe Heinrichs an, verlor es jedoch bald an deutsche Eroberer, zumal an Adolf II. von Holstein. Der baute auch das inzwischen völlig zerstörte Lübeck 1143 wieder auf. Er verjagte alle dort noch siedelnden Slawen und schuf damit eine erste rein deutsche Stadt in dieser ursprünglich wendischen Region.

Adolf war ein Vasall Heinrichs des Löwen. Mit dem Welfenfürsten betritt eine der markantesten politischen Figuren des gesamten Jahrhunderts die norddeutsche Szene, die sich nach seinem Abgang im Jahre 1195 gründlich geändert haben wird.

Er war der Sohn Heinrichs des Stolzen, eines störrischen Menschen, der in dauernder Rivalität zu den Staufern zwar nicht die ersehnte deutsche Königswürde erlangen konnte, aber zum mächtigsten aller deutschen Territorialfürsten aufrückte. Der Löwe wurde 1142 Herzog von Sachsen. Auf die ererbte bayerische Herzogswürde mußte er zunächst verzichten, erst der Druck seines Vetters, des deutschen Königs Friedrich Barbarossa, verhalf ihm schließlich dazu. Mit Barbarossa sollte er sich später überwerfen, da er die Teilnahme an einer italienischen Strafexpedition des Staufers verweigerte. Er selbst unternahm eine Pilgerfahrt nach Jerusalem, wurde glanzvoll am Hof von Byzanz empfangen, verfiel 1180 der Reichsacht und ging in die Verbannung, an den Hof seines Schwiegervaters, des Königs von England. Er war eigensinnig und eitel, er wurde bewegt von Machtwillen, Betriebsamkeit und Größenwahn.

Die Territorialherrschaft im wendischen Norden war seine *idée fixe* und sein machtpolitscher Gegenentwurf zu den italienischen Aktivitäten Barbarossas. Bereits 1147, da war er eben achtzehn Jahre alt, schloß er sich dem Wendenkreuzzug an.

Hierbei handelte es sich um ein Subunternehmen des 2. Kreuzzugs von 1147-49. Bernhard von Clairvaux, der Zisterzienser, hatte dazu aufgerufen, nicht nur die muselmanischen Heiden im Heiligen Land zu verjagen, sondern außerdem den Obotriten, Wilzen und Pommern in Mitteleuropa das Kreuz zu bringen. Er schien zu mutmaßen, daß die Aussicht auf wendische Tributzahlungen mindestens ebenso viele Kräfte mobilisieren könne wie das gleichermaßen fromme und riskante Blutvergießen in der Levante. Die Führer des Wendenkreuzzugs im Mecklenburgischen waren neben Heinrich noch Konrad von Zähringen und der Bremer Erzbischof Adalbero. Es gab außerdem eine zweite Front, weiter südlich im Raum der Mittelelbe, dirigiert durch Albrecht den Bären und Konrad von Meißen.

Heinrichs Gegner war der Obotritenfürst Niklot. Der hatte neben Pribislaw den anderen Teil des wendischen Erbes angetreten und erwies sich bald als ein überaus geschickt taktierender Heerführer und Regent. Er zerstörte die deutsche Siedlung Lübeck, danach verschanzte er sich auf seiner Burg Dolbin am Schweriner See. Dort widerstand er der Belagerung Heinrichs, über Monate hinweg, bis der Welfe sein Unternehmen abbrechen mußte. Der Wendenkeuzzug war gescheitert.

Niklot stabilisierte seine Herrschaft. In der Folge verbündete er sich dann mit Heinrich dem Löwen und ließ sich auf kriegerische Auseinandersetzungen mit den Dänen des Königs Waldemar ein, bei denen er sein Leben verlor. Es war das Jahr 1160. Heinrich sah seine Chance. Er verfügte jetzt die Angliederung Mecklenburgs an sein Herzogtum Sachsen. Er bestimmte einen Adligen aus Braunschweig zu seinem Statthalter. Er machte Schwerin zum Bischofssitz und zum Zentrum der Christianisierung. 1164 kam es nochmals zu einem Wendenaufstand, der aber bald scheiterte. Einer der Anführer, Niklots Sohn Wertislaw, wurde hingerichtet.

Mit dem anderen der Niklot-Söhne, Pribislaw, traf Heinrich dann ein Arrangement. Er beließ dem Wendenfürsten große Teile der obotritischen Gebiete als Lehen. Pribislaw nahm die Taufe. Er anerkannte sowohl die geistliche Oberhoheit der christlichen Kirche wie auch die weltliche Oberhoheit des welfischen Herrschers. Das letzte heidnische Heiligtum der Wenden in Arkona auf Rügen wurde zerstört.

Germanisierung und Stadtgründung

Für Mecklenburg und Vorpommern begann jetzt endgültig die Umwandlung in ein deutsches Siedlungsgebiet. Der Vorgang war nichts anderes als eine schleichende Eroberung, freilich erfolgte sie mit vergleichsweise unkriegerischen Mitteln. Heinrich der Löwe war interessiert an möglichst hohen Abgaben. Deutsche Bewohner garantierten ihm dies eher als slawische, denn ihre Wirtschaft war weiter entwickelt und ihre Produktivität entsprechend höher.

Ein steter Strom deutscher Einwanderer setzte ein. Sie kamen aus Westfalen, aus Ostfriesland, aus Holstein, aus dem Rheinland, aus Gebieten zwischen Unterelbe und Weser. Deutsche Dörfer wurden gegründet. Besonders entlang der Küste entstanden sie *von wilden wortelen,* von wilden Wurzeln: durch Waldrodung geschaffene Hagensiedlungen auf schweren Lehmböden. Zwischen Boltenhagen und Mönchhagen bezeugen noch heute viele Ortsnamen diese Herkunft. Die Hagenbauern waren frei und konnten ihr Land veräußern.

Alle Dorfgründungen erfolgten über sogenannte Lokatoren. Dies waren zugewanderte deutsche Kleinadlige, die außer einem Grundbesitz von bestimmter Größe (vier Hufen) die niedere Gerichtsbarkeit und das Schulzenamt erhielten. Es wurde erblich. Die Lokatoren warben jüngere Bauernsöhne für die Besiedlung. Das gewonnene Land wurde in Erbpacht bewirtschaftet und konnte vom Grundherrn nicht gekündigt werden. Die zu entrichtenden Abgaben an die Obrigkeiten waren beträchtlich.

Die Siedler brachten aus ihrer alten Heimat das niedersächsische Hallenhaus mit. Fortan bestimmte es in seinen verschiedenen Ausprägungen die mecklenburgischen Dörfer. Die einfache slawische Bauweise verlor sich bald, und auch sonst verdrängte die deutsche Siedlungsbewegung alles Wendische. Zeitgenössische Urkunden sprechen von einer förmlichen *eiectio Slavorum:* gewaltsam vorgenommene Umsetzungen der Wenden auf andere Fluren, in besondere Dörfer oder in die Wendenquartiere deutscher Dörfer. Helmold berichtet, wie Graf Gunzelin von Schwerin »den Seinen befahl, alle Slawen, die sie auf Nebenwegen und in abgelegenen, einsamen Gegenden anträfen, sofort zu ergreifen und aufzuknüpfen«. Manchmal geschah eine Assimilation. Häufiger war die andauernde Pauperisierung. Die Slawen stellten das Heer der Kossäten, Tagelöhner und Knechte.

Eine fast noch erheblichere zivilisatorische Tat als die deutsche Besiedlung des agrarischen Landes war die Gründung der Städte.

Mit Lübeck, Wismar, Rostock, Demmin und den übrigen vierzig Städten, die in Mecklenburg entstanden, wurden Zentren von hochentwickeltem Handel, von zünftigem Handwerk und von bedeutender geistlicher Kultur geschaffen. Heinrich der Löwe war ein begeisterter Domerbauer. Die Bischofskirchen von Lübeck, Ratzeburg und Schwerin gehen auf ihn zurück.

Die Germanisierung Mecklenburgs und Vorpommerns erfolgte überwiegend von Westen her. Sie sollte etwa ein Jahrhundert brauchen. Ein dichtes Netz deutsch bestimmter Dörfer und Städte sollte schließlich das Land überziehen und unumkehrbare zivilisatorische Tatsachen schaffen. In die ehemaligen Wendenburgen setzten sich deutsche Adelsherren. Fast alle hochmittelalterlichen Klosterorden kamen ins Land, gründeten Abteien und beteiligten sich an der Kultivierung der Böden.

Mit der Familie des getauften Niklot-Sohnes Pribislaw aber existierte ein Herrscherhaus von unzweifelhaft wendischer Herkunft. Seine Angehörigen regierten das Land in ununterbrochener Folge bis hin zum Zusammenbruch des deutschen Kaiserreiches im Jahre 1918.

Dänische Begehrlichkeit und politische Zellteilung

Waldemar I. von Dänemark regierte von 1157 bis 1182. Ihm war es gelungen, das bis dahin in jahrzehntelangen Thronwirren und allerlei Aufständen völlig zerrissene skandinavische Königreich wieder zu vereinigen. Ab 1157 regierte er es als Alleinherrscher.

Waldemar war ehrgeizig. Seine Pläne zielten auf eine entschiedene dänische Vorherrschaft im Ostseeraum, was ihn wie von selbst mit Heinrich dem Löwen in Kollision bringen mußte. Waldemar verbündete sich mit Heinrichs innenpolitischem Gegner, dem Kaiser Friedrich Barbarossa.

Es ging um die Kontrolle der wendischen Territorien Mecklenburgs und Vorpommerns, unter anderem. Obotritenfürst Niklot hatte bei den Kämpfen gegen Waldemar sein Leben verloren. Niklots Sohn Pribislaw war Lehnsmann des Welfen und damit zugleich Gegner der Dänen. Diese gesamte Konstruktion geriet alsbald in Unordnung, als Heinrich der Löwe ab den achtziger Jahren des 12. Jahrhunderts seine beträchtliche politische Macht mehr und mehr zu verlieren begann.

Für die einst wendischen Regionen an der Ostseeküste entstand eine Art Machtvakuum. Verschiedene Territorialfürsten, darunter der brandenburgische Markgraf, meldeten Ansprüche an. In Pommern ließ sich der dortige Herzog, Bogislaw, auf einen bewaffneten Konflikt mit den Dänen ein.

1184 wurde er entschieden, durch eine Seeschlacht im Greifswalder Bodden. Sieger blieben die Dänen. In der Folge eroberten sie Rügen und drangen danach weiter bis Mecklenburg vor. Heinrich Burwin, Sohn und Nachfolger Pribislaws, wurde dänischer Vasall.

Er wurde es unter Zwang und offensichtlichem Mißvergnügen. Gleichwohl, der neue Zustand brachte den Regionen von Mecklenburg und Vorpommern einige Jahrzehnte der relativen Ruhe. Die Auseinandersetzungen im Reich nach Barbarossas Tod, die bald ausbrechenden Konflikte um die deutsche Thronfolge, der Bürgerkrieg zwischen Ghibellinen und Guelfen, dies alles suchte zwar noch Holstein heim, kaum aber das Mecklenburg Heinrich Burwins. Christianisierung und Germanisierung im Land gingen zügig voran.

Heinrich Burwin versuchte es dennoch und immer wieder, sich von der dänischen Oberherrschaft zu befreien, was ihm schließlich gelang. Die Entscheidung fiel mit der Schlacht bei Bornhöved, 1227. Dänemark erlitt eine fürchterliche Niederlage und entsagte fortan seinen Ansprüchen auf Mecklenburg.

Im gleichen Jahr 1227 starb Heinrich Burwin. Das Erbe wurde unter seine Enkel aufgeteilt. Am Ende existierten in Mecklenburg fünf weltliche und zwei geistliche Herrschaften: die Fürstentümer Mecklenburg-Wismar, Werle-Güstrow, Rostock und Parchim-Richenberg, dazu die Grafschaft Schwerin sowie die Bistümer Ratzeburg und Schwerin.

In Vorpommern gestalteten sich die Zustände in vielem ähnlich, in manchem nicht.

Ein Unterschied zu Mecklenburg bestand zum Beispiel darin, daß es in Pommern ein geschlossenes Herrschaftsgefüge, wie etwa unter Gottschalk oder Niklot, nicht gegeben hatte und nicht gab. Das westpommersche Festland war liutizisches Territorium. Auf Rügen siedelte mit den Ranen ein eigener wendischer Stamm. Immer wieder kam es zu politischer Abhängigkeit von den straffer geführten Obotriten, deren Geschichte daher zu Teilen mit jener Vorpommerns identisch ist.

Rügen hatte wiederholt unter Einfällen der Wikinger zu leiden gehabt. Es entstand so etwas wie eine germanisch-slawische Mischkultur, der berühmte Goldschmuck von Hiddensee ist dafür ein Zeugnis.

Während des Wendenkreuzzuges belagerte Albrecht der Bär Demmin und Stettin. Die Sache geriet so wenig erfolgreich wie Heinrichs des Löwen Belagerung von Niklots Dobin: Sie wurde abgebrochen. Wie später Heinrich Burwin dänischer Vasall war, widerfuhr es zur etwa gleichen Zeit dem Pommernherzog Bogislaw. Wie die Christianisierung Mecklenburgs von den Sachsen betrieben wurde, erfolgte sie im Falle Vorpommerns durch die Dänen.

Waldemar ließ allein auf Rügen elf Kirchen bauen. Dänische Ordensfrauen errichteten das Kloster Eldena und gründeten den Marktflecken Greifswald. Die Dänen waren als Volk zu klein für eine förmliche Kolonisation, und also begnügten sie sich mit einzelnen zentralen Stützpunkten an der Küste.

Die Germanisierung geschah dann auch in Vorpommern durch jene deutsche Siedlungspolitik, die Heinrich der Löwe begonnen hatte und die mit seiner Entmachtung nicht endete. Die dänische Vorherrschaft hielt in Pommern wie in Mecklenburg nur bis zur Schlacht bei Bornhöved. Danach geriet Pommern in politische Abhängigkeit von Brandenburg.

Eine alte wendische Adelsschicht existierte weiter. Die Herrscherfamilie der Greifen, die dann über insgesamt sechzehn Generationen hinweg Pommern regieren sollte, war slawischen Ursprungs, nicht anders als die Dynastie von Niklot und Pribislaw. Wie Heinrich Burwin I. in Mecklenburg Garant eines intensiven Fortgangs der deutschen Kolonisation wurde, waren es in Pommern die Herzöge Barnim I. und Wratislaw II. Auch bei ihrer Familie erfolgte bald eine Aufsplitterung in verschiedene Linien, Pommern-Wolgast und Pommern-Stettin, die dann ihrerseits in jeweils mehrere Unterlinien zerfielen.

Die seit Albrecht dem Bären und dessen Teilnahme am Wendenkreuzzug erkennbare Begehrlichkeit der brandenburgischen Markgrafen gegenüber den wendischen Territorien ließ nicht nach. Ohnehin war die Mark Brandenburg selber ein den Westslawen abgekämpftes Gelände, und mit den Sorben der Lausitz sahen sich die askanischen Herrscher einer wendischen Volksgruppe gegenüber, die an ihrer ethnischen Eigenart besonders hartnäckig festhielt. Die sollte sie dann bis in die Gegenwart bewahren, als zuletzt einzig noch existente westslawische Minderheit auf deutschem Boden.

Brandenburg besaß lange die Hoheit über das wendische Stargard, woraus später die Herrschaft von Mecklenburg-Strelitz werden sollte. Brandenburg sorgte zudem für die Germanisierung jener Wendengegend, die den sprechenden Namen Neubrandenburg erhielt und gleichfalls einmal zu Mecklenburg gehören sollte. Künftige Händel und Konflikte waren damit angelegt.

Das ermüdende Spiel der immer wieder aufbrechenden Grenzstreitigkeiten und die trostlosen kriegerischen Rivalitäten zwischen oft nahe verwandten Herrschaftsfamilien bestimmten die neuen deutschen Landschaften auf einst slawischem Grund. Es verhielt sich bei ihnen nicht anders als in den alten deutschen Stammesgebieten links der Elbe. Wieso hätte es auch verschieden zugehen sollen? Man war hier wie dort vom gleichen Fleische, und man reagierte im gleichen Geist.

Ein Fürst auf Rügen trug den Namen Wizlaw. Er sollte nicht wegen bedeutender politischer oder militärischer Leistungen bekannt werden, sondern durch seine Poesie: Mizlaw war ein Minnesänger.

Das Prinzip dieser höfischen Vortragskunst ist die Simulation. Man handelte von Liebe, von Treue, von Hoffnung, von Empfindsamkeit, man tat es angestrengt und glaubte selbst nicht daran. Der heimliche Zweck des Minnesangs lautete immer nur: Täuschung und Verzicht.

Witzlaw starb 1325. Mit ihm erlosch das Rügener Fürstenhaus. In einem Krieg, der insgesamt drei Jahre währen sollte, kämpfte Mecklenburg um den Besitz der Insel. Es blieb alles vergebens: Rügen fiel an Pommern-Wolgast.

Die wendischen Städte: Lübeck, Wismar, Rostock und Stralsund

Handel setzt Märkte voraus oder schafft Märkte. In dem deutschen Wort *Markt* klingt das lateinische *mercatus* nach, das Handelsplatz bedeutet.

Der Markt ist ursprünglich ein Ort, der am Schnittpunkt von Handelsstraßen liegt. Der Händler errichtet hier seinen Stand und bietet seine Waren feil. Damit der Geschäftsbetrieb möglichst reibungslos verlaufen kann, besitzt der Markt seine eigene Rechtsordnung, den Marktfrieden, der wiederum das Recht voraussetzt, Markt überhaupt abzuhalten. Es wird durch einen hoheitlichen Akt verliehen.

Der Markt konstituiert und vollzieht sich selten auf unbewohntem Gelände. Selbst wo er zunächst menschenleere Räume antreffen mag, werden sie bald besiedelt eben infolge seiner Existenz. Denn der Markt beschäftigte nicht nur reisendes Personal, sondern auch seßhaftes, das dann in seiner unmittelbaren Nähe lebt. Dessen Unterkünfte säumen den Markt und bestimmen seinen Umriß. Die Gebäude sind Speicher oder Wohnstatt oder beides.

Zum Schutz gegen räuberischen Übergriff müssen solche Siedlungen geschützt werden. Es entsteht eine alles umschließende Befestigung mit bewachbaren Zugängen. Für den Handel mit bestimmten sehr empfindlichen Waren werden bald feste Überdachungen errichtet, schließlich eigene Gebäude, etwa Tuchhallen. Ihre Laubengänge bieten Platz für die Stände und laden zum Besuch ein, zum Gaffen und zum Kaufen.

Auf dem Hauptmarkt entsteht eine Parochialkirche. Mit dem zunehmenden Warenangebot und seinem Umschlag spezifiziert sich der Handel. Kaufleute bestimmter Produktgruppen sondern sich ab, finden zueinander und suchen sich eigene abgesonderte Plätze.

Handelsmärkte können gelegentliche oder regelmäßige Einrichtungen sein. Letztere schließen sich zum Beispiel gerne an die großen Kirchenereignisse an, bei denen immer viel Volks zusammenläuft, dies ist das potentielle Kaufpublikum. Der Name Messe für bestimmte Märkte oder Marktformen geht auf solche Zusammenhänge zurück.

Außer den Waren werden noch Zerstreuungen und Lustbarkeiten angeboten, durch Schausteller, Bänkelsänger, Flugblatthändler und Gaukler. Der Markt ist ein Ursprungsort auch des modernen Kunstbetriebs.

Als ein Platz, wo um des Handels willen eine bedeutende Konzentration von Gebäuden und Menschen erfolgt, wird der Markt zur Keimzelle der neuzeitlichen Stadt. Sie muß sich eine Verwaltung schaffen. Wegen der Größe des Gemeinwesens und der Vielfalt der darin anfallenden Aufgaben ist sie ungleich größer und anspruchsvoller als etwa das Schulzenamt auf den Dörfern. Es entstehen eigene städtische Administrationen, mit eigenen Rechten, einem eigenem Selbstwertgefühl und einer genuinen Herrschaftsschicht, die manchmal Stadtadel ist, noch häufiger ein bürgerliches Patriziat. Bevorzugt baut es seine Häuser in der unmittelbaren Marktnähe.

Die hier geschilderte Stadtstruktur ist an mittelalterlichen Beispielen aus Frankreich, Deutschland, England und Oberitalien gewonnen. Manchmal, wie in Köln, leben antike Traditionen fort, und sei es nur als steinernes Zeugnis. Ungleich häufiger aber wird die voraussetzungslose Neugründung, wie sie dann in Lübeck erfolgt.

Dies war eine Schöpfung auf germanisiertem Wendengebiet. Daß, wie es lange die Historiker-Überzeugung war, den Westslawen die Stadt als zivilisatorischer Topos eine völlig fremde Einrichtung gewesen sei, läßt sich so nicht halten. Es gab dort durchaus größere Agglomerationen, besonders in Pommern. Es gab sie selbst bei den Obotriten, wie es dort auch durch Ausländer, zum Beispiel deutsche Kaufleute, beschickte Märkte gab. Die Stadt des westeuropäischen Zuschnitts freilich, mit ihrer zivilisatorischen Ballung und ihrer wirtschaftlichen Effizienz, kannten die Wenden so nicht.

Sie etablierte sich auf den Territorien zwischen Elbe und Oder erst im Gefolge der Germanisierung. Sie wurde, neben der agrarischen Erschließung und der damit einhergehenden neuen Feudalordnung, deren erhebliches Instrument.

So gründeten sich im Anschluß an Lübeck und nach dessen Vorbild entlang der südlichen Ostseeküste immer neue Städte. Wismar, Rostock, Stralsund. Sie gehörten zusammen mit Lübeck zu den sogenannten wendischen Städten, die später das Herzstück der Städtehanse bilden sollten.

Weitere künftige Hansestädte im Gebiet des heutigen Mecklenburg-Vorpommern waren außerdem Greifswald, Anklam und Demmin. Eine Besonderheit dieser Gründungen bestand darin, daß sich zur eigentlichen Stadt gewöhnlich sehr rasch eine Neustadt bildete, manchmal sogar mehrfach. Eine Zeitlang blieb die selbständig, hatte eine eigene Verwaltung, einen eigenen Markt und eigene Befestigungsanlagen und verschmolz erst später mit der Altstadt zu einer neuen kommunalen Einheit.

So in Rostock. Das Wort bedeutet so viel wie: Auseinanderfließen eines Flusses. Es ist slawischen Urspungs und gehörte als Name zu einer wendischen Befestigungsanlage. Der Fluß, von dem hier geredet wird, ist die Warnow, die an ihrem Unterlauf sich jählings verbreitert, von fünfzig auf über 600 Meter.

Etwa ums Jahr 1200 kamen deutsche Siedler hierher. Sie trafen auf ein altes wendisches *wik*, gelegen in der Warnowniederung. Sie nutzten es eine Weile, zogen aber bald das 15 Meter höher gelegene Plateau auf dem anderen Flußufer vor, bauten sich hier ein Marktgeviert, ein Rathaus und die Petrikirche. Einige Jahrzehnte später wurde noch ein weiteres Gotteshaus errichtet, St. Nikolai. Am Johannistag 1218 bestätigte Heinrich Burwin den Rostockern den Gebrauch des lübischen Stadtrechts. Die wendische Urbevölkerung blieb abgedrängt auf das südlich gelegene Bruchland zwischen Stadtmauer und Warnow.

Die breite Unterwarnow stellte einen vorzüglichen Hafen. Die Ortschaft Rostock lag auf dem alten Land- und Botenweg, der von Lübeck und Wismar bis nach Stralsund führte und weiter nach Danzig. Die geologische Erhebung rund um die Petrikirche bot Schutz vor Hochwasser, ebenso vor etwelchen feindlichen Übergriffen.

Die ständig nachsetzenden deutschen Wanderströme aus Westfalen und Niedersachsen füllten das Gelände innerhalb der bestehenden Rostocker Stadtmauer rasch aus. Eine Neugründung entstand. Bereits 1232 existierte jenseits des Warnow-Nebenarms Grube ein zweiter Stadtkern, mit wiederum eigenem Markt, mit der Marienkirche, mit einem eigenen Rathaus.

Ein dritter Stadtkern wuchs um 1250. Zu ihm gehörten die Jakobikirche und der Neustädter Markt, der später zum Hopfenmarkt wurde und heute Universitätsplatz ist. Um 1265 setzten die Bestrebungen ein, jene drei zunächst völlig autonomen Rostocker Siedlungen zusammenzufassen. Es gab den Beschluß zur gemeinsamen Gerichtsbarkeit. Endlich, ab 1300, existierte eine einheitliche Stadtmauer, die zuletzt sieben Land-, 13 Wasser- und zwei Bruchtore haben sollte, neben verschiedenen Wehrtürmen.

Rostock verblieb in voller Abhängigkeit von seinen Feudalherrschern. Die Verleihung des Stadtrechts war dafür der Ausdruck. Die mit Handel und Handwerk verbundene Geschäftigkeit führte zu einer allmählichen Akkumulation von Wohlstand und von auch äußerlich sichtbarer Macht. Sie war durchaus selbstbestimmt. Sie fand ihren Ausdruck in einer eigenen Verwaltung. Deren Angehörige, wie auch jene, die sie vertraten,

Stralsund, Kupferstich von J. Staud, 1652

STRALSVNDIA.
Francken Teich.
Stralſund.
1. S. Nicolai kirche.
2. S. Maria kirch.
3. S. Iacobi kirch.
4. S. Catharina k.
5. Heil. Geiſt kirch.
6. S. Iohannis Closter.
7. das Rathauſſe.
8. Weyſen haus.
9. Gaſt hauſe.
10. Tribbeſeſche thor.
11. Kopken thurn.
12. Kuther thor.
13. Hoſpital thor.
14. Knipes thor.
15. Vehr thoe
16. Semlouw thor.
17. Baden thor.
18. H. Geiſt thor.
19. Langen thor.
20. Francken thor.
21. Blawer thurn.
22. Thr hauſs.
23. Block hauſs.
24. Neuwe hauſs.
25. Francken port.
Küter Teich
10 20 30 40 50 60 70 80 90 100
Jo. Staud delineavit.

waren städtische Bürger. Ein eigenes Selbstbewußtsein keimte auf, festigte sich und rebellierte gegen die als allzu eng empfundenen feudalen Fesseln.

Das war in Rostock nicht anders als etwa in Stralsund. Dessen Gründung dürfte zur ungefähr gleichen Zeit geschehen sein wie jene von Rostock. Das Stadtrecht wurde 1234 verliehen durch Fürst Witzlaw I. von Rügen. In einer sechs Jahre später ausgefertigten Urkunde ist das Stralsunder Siedlungsbiet genau benannt: die Insel Strela nebst angrenzendem Wald. Eine zeitgenössische Chronik enthält die Angabe, daß, um das Wachstum von Stralsund garantieren zu können, Rügenfürst Witzlaw II. eine unmittelbar benachbarte Ortschaft habe demolieren lassen: Schadegrad. Der Name läßt wendische Ursprünge vermuten. Archäologische Erinnerungen an Schadegrad gibt es keine.

Die Keimzelle und den Kern von Stralsund bildete, wie üblich, der zentrale Platz des Alten Marktes. Eine Stralsunder Neustadt wird 1256 urkundlich erwähnt. Beide Siedlungen wuchsen dann schon um 1300 zusammen. Die verschiedenen Förderungen und Privilegierungen durch die Rügener Fürsten erfolgten vorrangig aus strategischen Gründen: Die Stadt am Strelasund war ein wichtiger militärischer Vorposten. Wachstum und Wohlstand indessen verdankten sich, wie wiederum nicht anders in Rostock, ausschließlich dem Kommerz. Stralsund wurde Handwerkssiedlung und Handelsplatz, es wurde ein Hauptumschlagsort für Ostseefische, und vor allem damit schuf es sich seinen bald außerordentlichen städtischen Reichtum.

Wismars Gründung dürfte gleichfalls um 1200 erfolgt sein. Die älteste Erwähnung in einer Urkunde stammt vom Jahr 1229. Wismar erhielt lübisches Stadtrecht und war von 1256 bis 1358 Residenz der ältesten mecklenburgischen Linie.

dat ken Kramer ist
de blief da buten
oder ich schla
em up de schnuten.

So lautet der selbstbewußte Spruch unter dem Bildnis eines Keulenschwingers, der das Amtsgestühl in der Stralsunder Nikolaikirche ziert. Er will deutlich machen, daß für andere als Kaufleute in dieser Kirche und Kirchengemeinde, also im inneren Kreis dieser Stadt, überhaupt kein Platz sei. Dies bedeutete nichts weniger denn Wunschdenken, vielmehr wurde es bald die übliche hansestädtische Realität.

Wie man mit Vatermördern, Raubrittern und Schlagetoten Politik macht

Die verschiedenen Teilerben des einst einheitlichen mecklenburgisch-obotritischen Territorialbesitzes, untereinander eng verwandt, hatten sich in einem losen Bündnis zusammengeschlossen. Es hielt nicht besonders gut und teilte darin das übliche Schicksal solcher Abkommen. Die mecklenburgischen Partikular-Herrscher waren zumeist mittelmäßige, manchmal unfähige, nur in Einzelfällen begabte Leute, und auch darin stimmten sie mit den anderen Adelsfamilien anderswo in der Welt völlig überein.

Will man für die kommenden Jahrhunderte eine geschichtliche Generaltendenz benennen, wird sie wohl so lauten müssen: immerwährender Kampf zwischen partikularer Zersplitterung und dem Bemühen um Zusammenfassung und Zentralisation. Dieser Kampf ist keine mecklenburgische oder vorpommersche Eigentümlichkeit, vielmehr suchte er sämtliche deutsche Territorien heim. Er war eine Ursache der deutschen Misere und führte manchmal, wie in Thüringen, zu ganz bizarren Resultaten.

Mecklenburg sollte schließlich ein relativ einheitliches Herrschaftsgefüge abgeben. Aber der Weg dorthin sollte verworren, umständlich, voller elender Kompromisse verlaufen, und vor allem blieb dabei jeglicher wirtschaftlich-administrativer Fortschritt auf der Strecke.

Nun lassen sich Generaltendenzen der Geschichte meist erst im nachhinein bestimmen. Die unmittelbar Beteiligten erkennen sie selten. Lieber verstricken sie sich in abseitige Familienintrigen, bis hin zum Verwandtenmord, woraus dann die blutigen Moritaten für die Sänger auf den Jahrmärkten entstehen. Ein Beispiel sei die Geschichte der Herrscher von Werle-Güstrow.

Deren erster, mit Namen Nikolaus, starb im Jahr 1277. Er hinterließ zwei Söhne, Heinrich und Johann. Die teilten sich alsbald das Erbe so, daß es in die separaten Herrschaften Güstrow und Parchim zerfiel. Johann von Güstrow bekam einen Sohn gleichen Namens, der später sein Nachfolger wurde. Heinrich hatte eine Frau, die Mutter seiner Söhne war und bald zu Tode kam. Der verwitwete Heinrich trug sich darauf mit der Idee, ein zweites Mal zu heiraten.

Man schrieb das Jahr 1291. Heinrichs Söhne dachten nach über den Umstand, daß ihr Vater im Falle einer weiteren Eheschließung neue Kinder zeugen und das für sie zu erwartende Erbteil sich dadurch empfindlich verringern könne. Solche Aussicht erschien ihnen wenig erstrebenswert. Da aber geschah es, daß Heinrich gemeinsam mit seinen Söhnen zur Jagd zog, nach Damgarten, östlich von Ribnitz, auf dem rechten Ufer der Recknitz, und hierbei ergab sich die Gelegenheit, daß diese Söhne ihren Vater Heinrich rücklings überfielen und hinmeuchelten.

Eine abscheuliche Tat. Dies fand zumal Johann, ihr Vetter in Güstrow, Sohn und Erbe ihres Onkels Johann. Der brach jetzt aus Güstrow auf, um seinerseits die elenden Mörder seines Oheims

Heinrich zu verfolgen und schließlich außer Landes zu treiben. Er besetzte Parchim, und auf diese Weise stellte er die ursprüngliche und einheitliche Herrschaft Werle-Güstrow wieder her.

Die verjagten Mörder aber gaben nicht auf. Sie verbündeten sich mit dem Fürsten vom Mecklenburg-Wismar, der auch Heinrich hieß, und der tat sich wegen dieser Sache mit dem Markgrafen in Brandenburg zusammen. Letzterer hatte gute Gründe, eine große und geschlossene Mecklenburger Herrschaft nicht zu mögen. Sie bedeutete eine Konkurrenz zu seinen eigenen Machtansprüchen. Also setzte er alles daran, daß die Tendenzen zur territorialen Zersplitterung Mecklenburgs eine Stärkung erfuhren, gehe es dabei um schändliche Vatermörder oder nicht.

Die beiden gegnerischen Lager stießen aufeinander, und sie fochten verschiedene militärische Scharmützel aus: bei Parchim (1293), bei Schwaan (1294). Nikolaus II. von Güstrow blieb jedesmal siegreich. Die christliche Moral hatte triumphiert, der Ehrgeiz des brandenburgischen Markgrafen war abgewiesen, und die Integrität der Herrschaft Werle-Mecklenburg blieb glücklich erhalten.

Die zentrifugalen Bestrebungen, die sich auch in dieser historischen Episode mitteilen, existierten in sämtlichen mecklenburgischen Duodezherrschaften. Bei der Hauptlinie Mecklenburg-Wismar, die zurückgeht auf Johann, den ältesten Sohn Heinrich Burwins II., gelang es immerhin, eine weitere Aufsplitterung zu vermeiden. Der älteste Sohn und Nachfolger Heinrich fand einen seiner Brüder mit der Burg Gadebusch ab, der andere war ein überaus frommer Mensch und wurde Domherr in Schwerin.

Der christlichen Frömmigkeit hing auch Heinrich selber an. Gab die Geschichte der beiden Vatermörder die schaurige Moritat für den Jahrmarkt ab, liefert die seine den erbaulichen Beitrag fürs patriotische Lesebuch.

1270 stellte sich Heinrich aus tiefinnerer Überzeugung beim Kreuzfahrerheer Ludwigs des Heiligen ein, des Königs von Frankreich. Dieser Kreuzzug sollte bald scheitern. Heinrich von Mecklenburg-Wismar versuchte es, mit kleinem Gefolge als Pilger nach Jerusalem zu gelangen, und dabei geriet er in ägyptische Gefangenschaft. Er wurde nach Kairo gebracht. Er kam in den Gewahrsam des dortigen Sultans und blieb am Nil insgesamt 26 Jahre lang.

In dieser Zeit regierte daheim seine Frau Anastasia, Tochter des Herzogs von Pommern. Hilfe und Beistand sollten ihr, wenn nötig, zuteil werden von seiten der Verwandten ihres Mannes aus dem Hause Werle. Doch die verspürten bald bloß noch Besitzgelüste auf die durch die ägyptische Abwesenheit Heinrichs sichtlich geschwächte Herrschaft Mecklenburg-Wismar.

Beide Seiten suchten sich daraufhin Verbündete. Es kam zu allerlei blutigen Auseinandersetzungen. Anastasia fand tatkräftige Unterstützung vor allem durch die Brüder ihres abwesenden Mannes. 1271 kam es zu einer ersten entscheidenden Schlacht, 1283 zu einer zweiten. Die Seite Anastasias, angeführt von Johann, dem Herrn auf Gadebusch, blieb allemal siegreich.

Zweimal erschien ein vorgeblich aus ägyptischer Gefangenschaft heimkehrender Heinrich und beanspruchte seine Rechte. Beide Male wurde der Prätendent als Schwindler entlarvt. Der eine von ihnen wurde ertränkt, und der andere endete auf dem Scheiterhaufen.

Im Jahre 1287, dem Datum seiner Volljährigkeit, gelangte Heinrichs Sohn an die Herrschaft. Er hieß seinerseits Heinrich und erhielt, verwirrenderweise, den Beinamen »der Löwe«, was ihn einer ständigen Verwechslung mit dem berühmteren Welfenfürsten aussetzen sollte. Dieser Heinrich wurde bald zur überhaupt prägenden Herrscherfigur im gesamten Territorium zwischen Elbe und Recknitz, als ein Mensch von Courage, Entschlußkraft und strategischem Kalkül.

Durchweg erfolgreich war er allerdings nicht. Beim erwähnten Zwist im Hause Werle hielt er es, wie dargetan, mit den glücklosen Vatermördern.

1298 stand nach zwei falschen Heinrichen plötzlich der echte vor der Tür. In Kairo war ein neuer Sultan an die Macht gelangt, Mansur-Ladjin, und hatte, aus Freude über seine Genesung von schwerer Krankheit, dem Gefangen vom Ufer des Baltischen Meeres endlich die Freiheit geschenkt.

Boten aus Rom hatten die nahe Ankunft vermeldet. Die Familie befand sich großenteils am Ufer der Elbe, bei Dömitz, zum Zweck einer militärischen Unternehmung. Ein spindeldürrer Greis trat auf, den niemand kannte, der sich dennoch und schließlich glaubhaft als der verlorengegangene Kreuzfahrer ausweisen konnte.

Vater und Sohn Heinrich regierten dann noch ein paar Jahre zusammen, bis 1302. Da starb der Vater. Mit Beinamen hieß er längst schon: der Pilger.

Heinrich der Löwe, der Sohn, trug übrigens seinen Beinamen seit seiner Teilnahme an einem Feldzug Wenzels von Böhmen. Er legte sich auch mit den Brandenburgern an. Weitere Kriegseinsätze führten ihn zum Beispiel nach Dithmarschen. Er brachte vorübergehend sogar die Priegnitz und die Uckermark in seine Verfügung. Am Ende seiner Herrschaft sollte er das von ihm regierte Territorium in der Ausdehnung mehr als verdoppelt haben.

Das allermeiste sollte schon bald wieder verloren gehen, gleichwohl: In der Person Heinrichs des Löwen deutet sich unübersehbar der hegemoniale Anspruch des von ihm geführten Hauses Mecklenburg an, und es zeigte sich erstmals bei ihm eine entschiedene Tendenz, alle jene inzwischen so gründlich zersplitterten mecklenburgischen Kleinherrschaften wieder zu einer größeren Einheit zusammenzufassen.

Gegen solche Tendenz standen andere, höchst unterschiedliche, dabei recht erhebliche Kräfte.

Dies waren zunächst: die Autonomiebestrebungen aus Kreisen des niederen Adels, bis hin zu den Beutezügen der Raubritter. Dies waren weiterhin: die auf immer mehr politische Unabhängigkeit bedachten Küstenstädte. Dies waren schließlich: das eifersüchtige Mißtrauen und den Ehrgeiz anderer bedeutender Nachbarn, zu denen etwa die holsteinischen Grafen gehörten, vor allem aber die Markgrafen von Brandenburg und die dänische Krone.

Heinrich II., der Löwe, begegnete allen diesen Tendenzen auf seine Art.

Die Existenz des Raubrittertums war eine gesamteuropäische Plage. Es war zunächst Indiz für die Schwäche oder das Fehlen einer jeweiligen Zentralgewalt. Der niedere Adel hatte keine vernünftige politisch-gesellschaftliche Funktion, und niemand war da, ihn an seiner Freibeuterei zu hindern. Die Vorzugsopfer der Raubritter waren die reisenden Kaufleute.

In Mecklenburg hatte sich die Zentralgewalt durch die erfolgten Erbteilungen um Macht und Mitte gebracht. Ein besonders extremes Beispiel stellt die Herrschaft Schwerin, die Ende des 13. Jahrhunderts nochmals in drei Unterherrschaften zerfiel: Schwerin, Boizenburg und Wittenburg. Das Raubrittertum gedieh prächtig. Berüchtigte Sippen waren die Scharffenbergs, die Karlows und die Zülens. Besonders gefürchtete Schlagetote aber waren die Riebes auf ihren Burgen Hitzacker und Gläsin.

Es entstand so etwas wie eine förmliche Kette Mecklenburger Raubritterburgen. Wehningen, Walerow, Klocksdorf, Karlow, Mustin, Dutzow, Schlagdorf, Linow, Nannedorf. Manchmal gingen die Lehnsherren gegen die Räubernester vor. Über den Grafen Johann von Holstein wird berichtet, daß er, nachdem er die Raubritterburg Dassow erobert hatte, den Burghauptmann schon bald hinrichten ließ. Grund: dieser Burghauptmann war in Sachen Plünderung und Beute entschieden zu erfolglos gewesen. Beim Kampf gegen die Vatermörder im Hause Werle aber hatte sich als besonders engagiert und erfolgreich erwiesen Hermann, aus der Räubersippe der Priebes der bei weitem Schlimmste.

Heinrich II. von Mecklenburg-Wismar, mit den Vatermördern liiert, war deswegen Hermann Priebes entschiedener Feind. Heinrich befand sich eben auf einem Feldzug gegen die Priebe-Burg Gläsin, als ihn die Nachricht ereilte von der Heimkehr seines Vaters, des Pilgers. Übrigens brachte Heinrich dieses sein militärisches Geschäft erfolgreich zu Ende, und auch sonst noch wurden viele Raubritterburgen in Mecklenburg gestürmt. Die Besitzer schworen dann Urfehde und kamen ungeschoren davon, was viele von ihnen dazu brachte, in ihrem räuberischen Tun umgehend fortzufahren. Der Raubritter war nichts anderes als die parasitäre Form des üblichen Feudalherren: Der eine wie der andere lebte von Gütern, die andere produzierten.

Was aber den Umgang mit den mächtiger werdenden Städten und die Konkurrenz zu den mächtigen Nachbarn anlangte, so wußte Heinrich II. von Mecklenburg-Wismar beides auf geschickte Weise miteinander zu verknüpfen.

Die Brandenburger hielt er sich, wenigstens auf Zeit, vom Halse, indem er sich mit ihnen verband. Seine erste Frau war Tochter eines Markgrafen aus dem Hause Askanien. Auch mit den Dänen verband sich Heinrich, und zwar militärisch bei eben seinem Vorgehen gegen die Städte.

Es war nämlich so, daß gegen Ende des 13. Jahrhunderts Dänemark es ein zweites Mal unternahm, politischen Einfluß auf Norddeutschland zu nehmen. Der erste und vorübergehend recht erfolgreiche Versuch war zu Zeiten Barbarossas geschehen, hundert Jahre zuvor. Die dänischen Besitztümer waren dann erst einmal wieder verloren gegangen nach der für Dänenkönig Waldemar verheerenden Schlacht bei Bornhöved.

Erich Menved war dänischer König in einer Zeit bürgerkriegsähnlicher Wirren. Adel und Klerus im Land kämpften gegen die Krone. Das Verfahren, durch außenpolitische Kraftmeierei von innenpolitischer Schwäche abzulenken, kennt eine ehrwürdige Tradition. König Erich Menved von Dänemark hatte es auf Norddeutschland abgesehen.

Er ging mit Heinrich dem Löwen von Mecklenburg-Wismar ein militärisches Bündnis ein. Für den war es ein erstrebenswertes Ziel, die aufmüpfigen Hafenstädte der Region zu unterwerfen und botmäßig zu halten. Heinrich verpflichtete sich dem Dänenkönig als Feldhauptmann, und in einer langwierigen militärischen Aktion wurden erst Wismar (1311), dann Rostock (1314) von Dänemark erobert.

Heinrich anerkannte für eine Weile den dänischen König als seinen Oberherrn. Irgendwelche Schwierigkeiten im Deutschen Reich entstanden ihm daraus nicht. Dort, die Zentralgewalt zeigte sich gerade wieder sehr geschwächt, bestätigte König Albrecht I. bereitwillig die Ansprüche der Dänen im deutschen Norden. Derart hatte die Sache auch ihre rechtspolitische Ordnung.

Erich starb 1319. Heinrich erreichte es noch, daß Erichs Bruder und Nachfolger Christoph II. eine förmlichen Aufhebung der Lehnshoheit über ihn verfügte. Als Heinrich im Januar 1329 zu Sternberg verschied, schien er eine imponierende Lebensleistung hinter sich zu lassen.

Die Wahrheit ist, daß sein Leben zwar immer recht spektakulär, aber nicht wirklich erfolgreich war. In jedem Falle hatte er sehr viel Geld verbraucht. Für manche der kriegerischen Eroberungen, um derentwillen er sich schwer verschuldet hatte, mußte er andere Ländereien aufgeben, um mit dem Erlös seine Schulden bezahlen zu können. Seinem offensichtlichen Vorhaben, die allzu mächtig gewordenen Städte der Region zu demütigen, widersprach der Umstand, daß er anderen Städten zu gutem Preis Privilegien verkaufte, geeignet, die wirtschaftliche Macht und das politische Unabhängigkeitsstreben der Städte zu stärken. Er unterwarf sich die Raubritter des Landes und ließ sie für viel Geld wieder frei. Er verpfändete Besitz und plünderte Klöster. Beinahe hätte ihn der Bannstrahl ereilt. Als eine bedeutende Figur erscheint er nur vor dem Hintergrund so vieler Versager. In Wahrheit war er nicht viel mehr als ein hochbegabter Schlagetot.

Kernland der Hanse

Das alte germanische Wort *hansa* bedeutet Kriegerschar, bewaffnete Gemeinschaft, Gefolge. Der frühesterhaltene schriftliche Nachweis findet sich in der bekannten Bibelübersetzung des Gotenbischofs Wulfila. Der militante Beigeschmack, der an dem Begriff von Beginn an haftete, macht zugleich darauf aufmerksam, daß die hochmittelalterliche Einrichtung der Hanse immer auch ein sehr wehrhaftes Bündnis gewesen ist.

Warenhandel und kriegerisches Tun widersprechen einander weniger, als es auf den ersten Blick erscheinen mag. Im Mittelalter bedeutete Handel nicht nur Warenverkauf, sondern außerdem Warenbewegung, manchmal über große Entfernungen hinweg, was dann zwar sehr viel gefährlicher, aber zugleich sehr viel profitabler war. Die Gefahr ergab sich nicht nur daraus, daß der Transporteur auf seinen Wegen ein mögliches Ziel für räuberische Begehrlichkeiten wurde, sondern auch, daß er sich dort, wo er nicht zu Hause war, in einer fremden, also nicht zuständigen und oft völlig unberechenbaren Rechtssituation befand.

Die Grenzen zwischen Handel und Krieg gestalten sich sonderbar fließend. Die Wikinger, jene schon erwähnten skandinavischen Fahrensleute, waren durchaus nicht bloß räuberische Plünderer der Küsten Europas. Es gibt nur dort etwas zu rauben, wo etwas produziert worden ist, und da zwischen dem Produkt und seinem Konsum allemal der Handel liegt, sind Raubkrieg und Handel stets innig miteinander verwoben. Der Raub, hat man gesagt, sei nichts anderes als eine parasitäre Form des Handels, wie denn auch der Krieg nichts anderes als eine globalisierte und ritualisierte Form des Raubes ist.

Selbst die Wikinger betätigten sich als Plünderer und Brandschatzer bloß nebenher. Ihre Routen waren eigentlich Handelslinien. Sie unterhielten ein System der Stützpunkte, von denen einer, wohl der bedeutendste, Haithabu, im Süden der jütländischen Halbinsel lag, nicht weit entfernt vom heutigen Schleswig. In Haithabu wurden Waren der Ostseeschiffahrt angelandet und anschließend übers Land zur Nordseeküste gebracht, um dort weiter verschifft zu werden. Das Verfahren funktionierte auch in umgekehrter Richtung.

Ein anderer wichtiger Handelsraum des frühen Hochmittelalters bildete die Region von Niederrhein, Flandern und Friesland. Das Zentrum war Köln, damals die größte deutsche Stadt. Friesische Seeleute holten Schafwolle aus England, die in Flandern verwebt wurde zu einem besonders qualitätvollen und entsprechend kostbaren Tuch. Am Niederrhein wurde es dann verkauft. Für den Erlös erwarben Händler die in der Gegend angebauten und anderswo sehr geschätzten Weine.

Trotz aller Unwägbarkeiten der Witterung bot das Wasser den insgesamt besseren Handelsweg. Damit verglichen waren die Straßen zu Lande entschieden beschwerlich und langsam. Das System der Geschäftsbeziehungen über die Ostsee hinweg wurde immer ausgedehnter und dichter. Als Zwischenaufenthalt nebst Umschlagplatz für die schiffahrenden Händler bot sich die ostschwedische Insel Gotland an.

Sie nahm diese Funktionen wahr vermöge der an ihrer Westküste gelegenen Hafenstadt Visby. Hier entstanden ständige Handelsniederlassungen, Höfe genannt, deren Tätigkeit bestimmt wurde durch strenge Regularien. Bald versammelten sich feste Gemeinden von Kaufleuten gleicher ethnischer Herkunft, die gemeinsam einen solchen Hof betrieben und als ihren Exponenten einen Oldermann benannten. Am Ende wurde es vorteilhafter, Visby nicht nur als Zwischenstation zu benutzen, sondern, der besonderen geographischen Situation wegen, in dieser Stadt das eigentliche Hauptquartier einzurichten. So bildete sich in Visby eine starke Gruppe deutscher Kaufleute, die den genossenschaftlichen Zusammenschluß suchten und nach außen hin auch gemeinsam auftraten.

Das geschah ums Jahr 1160. Die Germanisierung Mecklenburgs hatte eben begonnen. Zur gleichen Zeit gründete sich am Zusammenfluß von Trave und Wakenitz die Stadt Lübeck.

Sie geriet zum bevorzugten Anlaufort der gotländischen Genossenschaft. Bald war sie ihrerseits aktiver Mittelpunkt eines weitgespannten Netzes von Handelswegen zu Wasser und auf dem Land, das von Brügge in Flandern, von Boston in England bis nach Stockholm in Schweden und nach Nowgorod in Rußland reichte. Die letztgenannte Handelssiedlung, am Nordufer des Ilmensees, entwickelte sich schließlich zu einem Hauptumschlagplatz von Waren aus dem Osten, das waren vor allem Wachs und Pelze.

Die großen Entfernungen machten, daß ein Kaufmann manchmal nur eine Handelsreise im Jahr unternahm. Man unterschied zwischen Sommerfahrern und Winterfahrern, und zumal die Winterfahrer sahen sich gezwungen, über mehrere Wochen hinweg an ihrem Reiseziel Nowgorod zu verharren: Der Schnee mußte erst getaut, das Eis auf den Wassern erst geborsten sein. Der deutsche Hof in Nowgorod, er hieß nach St. Peter, hatte feste Unterkünfte, einen Friedhof und eine Kirche. Deren Seitenschiffe und Krypta dienten als Warenspeicher. Außerhalb des Gottesdienstes liefen dort die Geschäfte ab.

Die rege Kommunikation zwischen Lübeck und Visby führte dann zu einem förmlichen Vertragswerk, in dem die Kaufleute beider Städte einander Unterstützung und Schutzmaßnahmen zusicherten. Man kann dies als den eigentlichen Beginn der Hanse ansehen, die niemals etwas anderes darstellte als einen Interessenverband von Kaufleuten, vornehmlich solchen, die ihre Waren per Schiff beförderten, unter besonderer Berücksichtigung der Wasserwege auf der Ostsee.

Der allgemeine genossenschaftliche Zusammenschluß von einzelnen Kaufmannsunternehmen war bloß der Anfang. Ohne eine institutionalisierte Macht mußten die vertraglich beschworenen Sicherheiten unwirklich bleiben. Als vorgegebene Institution der Macht kam für eine Kaufmannschaft in Frage, was ihren Lebens- und Wirkungsraum ohnehin ausmachte und häufig genug ihre Existenz dem Tun der Kaufmannschaft überhaupt erst verdankte, nämlich die Stadt.

1226 erhielt Lübeck das Privileg der Reichsfreiheit. Es war damit keinem regionalen Adelsherrscher mehr unterworfen, sondern nur noch dem deutschen König. Etwa vier Jahre später kam es zu einem ersten förmlichen Vertragswerk zwischen den Städten Lübeck und Hamburg. 1299 schließlich faßten die zu Lübeck versammelten Abgeordneten verschiedener Städte den Beschluß, daß hinfort nicht mehr mit dem Siegel der gotländischen Genossenschaft hantiert werde, sondern mit dem der jeweils betroffenen Stadt. Man darf dies als den Beginn der Städtehanse ansehen.

Daß selbständige Orte einer unmittelbaren Nachbarschaft miteinander kommunizierten und gegebenenfalls ein politisches Bündnis eingingen, war nicht gänzlich neu. Im wirtschaftlich und sozial weiter fortgeschrittenen Oberitalien gab es das längst, und dort hatte es, da so erfolgreich und machtvoll, dem deutschen Kaiser Friedrich Barbarossa sehr viel politischen Ärger bereitet. Die Städtehanse allerdings war, verglichen damit, erheblich größer, und die räumliche Ausdehnung griff weiter. Die Hanse war auch ethnisch viel weniger homogen. Ihre Eckpfeiler bildeten die Märkte eines Fernhandels, der die Küsten von Nordsee und Ostsee umschloß.

Man unterhielt Kontore in London, Brügge und Ypern, dem norwegischen Bergen, dem karelischen Viborg und in Nowgorod. Man war mitbeteiligt an der Gründung von Stockholm, Riga, Dorpat und Reval. Die Ostkolonisation der deutschen Ritterorden wie auch die Herrschaftspläne der polnischen Könige wurden durch die Eröffnung immer neuer Hansestützpunkte begleitet. Zur Zeit der größten Ausdehnung reichte der Einfluß dieses Handels- und Städtebündnisses von Krakau bis nach Bergen, von Newcastle und Groningen bis nach Vitebsk und Smolensk.

Über die Gesamtzahl aller Hansestädte gibt es keine völlig verläßliche Angabe. Man rechnet mit 180 bis 200, wobei siebzig von ihnen gleichsam den unerschütterlichen Kernbestand bildeten, während bei den übrigen die Form der Zugehörigkeit durchaus zufällig und lose sein konnte. Es gab Austritte und, seltener, Ausschlüsse. Es gab auch den stillschweigenden Verzicht auf die Mitgliedschaft.

Man unterscheidet gewöhnlich drei Formen der Teilhabe: die anerkannte Zugehörigkeit von Beginn an, also seit Mitte des 13. Jahrhunderts; die durch offiziell gestellten Antrag zuerkannte Mitgliedschaft; die *de-facto*-Zugehörigkeit ohne förmlichen Antrag. Mit der Zugehörigkeit verbunden waren bedeutende Privilegien des Handels und der Selbstverwaltung. Letztere gestaltete sich nach den Normen eines Stadtrechts, das gewöhnlich jenes von Lübeck war oder jenes einer Stadt, die ihrerseits lübisches Stadtrecht übernommen und modifiziert hatte.

Entschieden über die Zugehörigkeit wurde durch den Hansetag. Er war eine Versammlung aller Hansestädte und deren oberstes Organ. Die Zusammenkünfte bildeten äußerlich glanzvolle Ereignisse, denen übrigens auch ein Fürst zugehörte, ein einziger: der jeweilige Hochmeister des Deutschen Ritterordens.

Der Hansetag entschied außerdem über Verträge und Privilegien, über Blockaden, über Frieden und Krieg. Gemessen am Umfang der ihm übertragenen Aufgaben tagte er relativ selten: höchstens einmal im Jahr, manchmal bloß alle drei Jahre. Es fanden daneben Regionaltage statt mit weniger Kompetenz und geringerem Gewicht. Der Ort des Hansetags war in der Regel Lübeck.

»Das Hauptübel war das Nichterscheinen«, notiert der Historiker Philippe Dollinger, »weil man die Kosten für die Abordnung sparen oder sich auch nicht an Entscheidungen beteiligen wollte, die man für unerwünscht hielt. Wenn die Beteiligung zu gering war, mußte man eine neue Tagung einberufen, sehr zum Mißvergnügen der Abgesandten, die sich unnötigerweise bemüht hatten. Man versuchte vergeblich, gegen diese Nachlässigkeit anzugehen«.

Der zentrale Rang von Lübeck war nicht allein durch die Geographie vorgegeben und auch nicht bloß durch ein besonders erfolgreiches Stadtrecht. Vielmehr stellte er sich her durch den auf den Werften Lübecks gebauten Typus eines dann von allen Hanseküstenstädten übernommenen Handels- und Frachtschiffs, der Kogge.

Sie löste die bis dahin gebräuchlichen Hochseeschiffe ab. Deren eines war das schmale und schnelle Wikingerschiff gewesen, ein anderes das westeuropäische Segelschiff. Beide hatten gemeinsam eine vergleichsweise geringe Ladefähigkeit: höchstens 15 Last, das waren 30 Tonnen. Der neue

Hansekogge aus dem 15. Jahrhundert, Kupferstich.

Schiffstyp war breitbäuchig. Seine Länge betrug 30, seine Breite 7 Meter, bei einem Tiefgang von drei Metern. Kiel und Steven waren gerade. Die Ladefähigkeit betrug über 100 Last oder 200 Tonnen.

Die Ursprünge der Kogge sind unbekannt. Wahrscheinlich wurde sie von den niederländischen Friesen entwickelt, auf der Schwelle zum 12. Jahrhundert. Koggen waren geplankte Schiffe, was bedeutet: auf Kiel und Stevenhölzer wurden, von unten beginnend, dachziegelförmig die Planken aufgetragen. Hierbei handelte es sich um Zimmermannsarbeit. Selbst in den Hansestädten gab es keine eigenen Schiffbauergilden. Die Geschicklichkeit der hanseatischen Zimmerleute wurde, nimmt man an, im Umgang mit dem Fachwerk der niederdeutschen Profanbauten erworben.

Die Kogge besaß nur ein Segel. Gleichwohl war sie relativ wendig und konnte gegen den Wind kreuzen. Die durchschnittliche Reisegeschwindigkeit lag zwischen fünf und fünfzehn Stundenkilometern, für eine Fahrt von Lübeck nach Danzig wurden vier, von Lübeck nach Bergen neun bis vierzehn Tage benötigt. Wichtigste Navigationshilfe in der Ostsee war der Blickkontakt zur Küste, daneben benutzte man das Senklot. Kompaß und Seekarte, im Mittelmeer bereits seit dem 13. Jahrhundert gebräuchlich, setzten sich im hanseatischen Norden erst mit dem Reformationszeitalter durch.

Die Kogge wurde eines der erfolgreichsten Schiffsmodelle der Seefahrtgeschichte. Sie diente der Lastschiffahrt so gut wie dem Passagiertransport, und mit entsprechender Umrüstung war sie gleichermaßen verwendbar als *vredenschip*, das ist Kriegsschiff. Zweihundert Jahre beherrschte sie unangefochten die nördlichen Meere, dann kamen andere Modelle auf, Holk und Krawel, die sie verdrängten.

Die für die Hanse nicht minder wichtige Binnenschiffahrt wurde von Wasserfahrzeugen verschiedener Bauart bewältigt. Es gab Treidelkähne, wie es kleinere Segelschiffe mit geringem Tiefgang gab. Sehr bald schon erfolgte die Regulierung von Flüssen. Künstliche Kanäle entstanden, und die Fahrrinnen in Flußmündungen und Hafenbecken wurden freigelegt.

Die Handelsgüter waren vielfältig. Was die Umsätze betrifft, ist an die erste Stelle der Tuchhandel zu setzen. Die größten Gewinne wurden mit Pelzen erzielt. Sie gelten als die Hauptquelle allen hanseatischen Reichtums. Nach Norwegen wurde Getreide gebracht, Salz in den östlichen Ostseeraum, aus Schweden wurden Erze herbeigeschafft, aus Island Stockfisch, aus Schonen Hering. Zu dessen Konservierung diente das Salz, Herkunftsort war bevorzugt die Hansestadt Lüneburg. Die Herstellung der Fässer, für die Aufbewahrung benötigt, ernährte die Böttchergilden der Küstenstädte. Fisch war ein wichtiges Nahrungsmittel während der vorösterlichen Fastenzeit.

Die Hanse wurde die erste dauerhafte supranationale Organisation der Neuzeit nach der katholischen Kirche. Bei allen Einschränkungen, Einbußen und Unvollkommenheiten hat sie am Ende ein halbes Jahrtausend gehalten. Sie war eine wirtschaftlich-politische Zweckunion, aber fast ebenso folgenreich wurden dann ihre kulturellen Auswirkungen.

Die zivilisatorischen Ähnlichkeiten bei den verschiedenen Hansestädten untereinander sind erheblich. Das gilt vorrangig für jene in Niederdeutschland und dann zumal für jene mit Hafenfunktion. Immer gibt es da die großzügigen Marktplätze mit ihren Marienkirchen und ihren Patrizierhäuserfronten. Es gibt die durch den Backstein vorgegebene Gotik. Es gibt die prächtigen Rathäuser mit ihrem gelegentlich florentinischen Zuschnitt, entworfen durch aus Italien stammende Wanderarchitekten. Es gibt die Heiliggeist-Spitäler. Es gibt die Speichergebäude zum Wasser hin, mit den Ladekränen unter den spitzen Giebeln.

Das alles stiftet dann eine förmliche Verwandtschaft zwischen Kapitalen wie London, Stockholm, Stralsund und Riga. Es schafft jene würdigen Stadtsilhouetten, die beim Näherkommen allmählich herauswachsen aus den ebenen Flächen von Küste und blinkendem Meer, mit ihren Türmen und ihren Schrägen, mit rotbraunen Mauern und patinagrünen Dächern. Gemessen nehmen sie ihren Platz ein unter dem hohen Himmel, durchdrungen von Ruhe und Ernst, von geschichtlicher Erinnerung und tiefer Melancholie.

Familienbande I: Albrecht, ein Schwedenkönig aus Mecklenburg

Als Heinrich der Löwe von Mecklenburg-Wismar starb, hinterließ er einen unmündigen Sohn. Albrecht war gerade elf Jahre alt. Bis 1336 regierte für ihn sein Vormund, Graf Heinrich von Schwerin. Die Kleinadligen im Land wie auch die Ratsherren in den Städten Wismar und Rostock entdeckten eine willkommene Chance, ihre jeweiligen Eigeninteressen verstärkt wahrzunehmen.

Als Albrecht die Regierung antrat, mußte er einige Energie aufbieten, dem durch ihn vertretenen Zentrum die einstige Stringenz zurückzugewinnen.

Er verhielt dabei sich nicht ungeschickt. Einige der von seinem Vater verpfändeten Besitzungen erwarb er zurück. Einige besonders lästige Raubrittersitze ließ er schleifen. Er gründete einen ersten Landfriedensbund norddeutscher Fürsten und Städte, 1338 in Lübeck.

1346 hatten die deutschen Kurfürsten ihren bisherigen Kaiser, Ludwig den Bayern, für abgesetzt erklärt und Karl IV., aus dem Hause Luxemburg und böhmischer König, zum Gegenkönig ausgerufen. Der Konflikt schien zunächst gänzlich unentschieden. Albrecht von Mecklenburg schlug sich frühzeitig auf die Seite Karls und hatte damit die politische Zukunft für sich.

Im Gegenzug erhob Karl die mecklenburgischen Herrscher zu unmittelbaren Reichsfürsten. Er verlieh Albrecht und dessen jüngerem Bruder

Johann die Herzogswürde und erklärte das immer noch umstrittene, weil von Brandenburg beanspruchte Land Stargard zum Reichslehen, mit Vorteilen für Mecklenburg.

In Dänemark regierte zu jener Zeit König Waldemar IV. Der schlug sich im Konflikt der beiden deutschen Kaiser auf Ludwigs Seite, worauf Albrecht gegen ihn zu Felde zog und ihn besiegte. Dies war, erwies sich bald, der den gesamten Streit entscheidende Waffengang. Im Frieden zu Lübeck lieferte Ludwig endlich die Reichsinsignien aus und bestätigte derart Karls nunmehr unumstrittene Herrschaft.

Die enge Verbindung der Mecklenburger zu dem Luxemburger war hergestellt worden durch Albrechts Bruder Johann. Als junger Mann hatte er in Frankreich gekämpft, zusammen mit Karl. Beide hatten im Heer des Franzosenkönigs Philipp gegen die Engländer des Schwarzen Prinzen gestanden, 1346, bei Crécy. Karls Vater war in dieser Schlacht gefallen. Karl selber konnte bei der Gelegenheit sein Leben nur mühsam retten. Der ihm dabei half, war eben Johann von Mecklenburg.

Der forderte nun nachdrücklich seinen ihm zustehenden Teil an der mecklenburgischen Herrschaft, und Albrecht blieb nichts übrig, als der Forderung nachzugeben.

Die Teilung geschah derart, daß Johann das Gebiet Stargard erhielt. Albrecht hatte da für sich selber bereits eine Kompensation gefunden. Nachdem seine entsprechenden militärischen Zugriffe allesamt gescheitert waren, hatte er die ihm über einen etwas verworrenen Erbschaftsanspruch zustehende Grafschaft Schwerin durch einen Kaufakt in seine Verfügung gebracht. Albrecht sollte zum Ende seiner Regierung über den gesamten Norden und Westen des heutigen Mecklenburg verfügen. Das bedeutete in jener Zeit und Landschaft des unendlichen Partikularismus beeindruckend viel.

Noch im Jahre seines Regierungsantritts hatte er Euphemia geheiratet, eine Schwester von Schwedenkönig Magnus II. Sein Schwager hatte beträchtliche innenpolitische Probleme, und da begab es sich, daß die schwedischen Notablen zu ihrem neuen König überraschenderweise Albrecht erkoren, des Herzogs von Mecklenburg ältesten Sohn. Dies geschah 1363. Im Jahr darauf erfolgte in Uppsala die Krönung. Ohne jeden Zweifel befinden wir uns auf dem Höhepunkt der durch Herzog Albrecht von Mecklenburg emsig betriebenen Hausmachtpolitik.

Noch einmal ein Jahr später kam es zu einer ersten militärischen Auseinandersetzung zwischen dem neuen schwedischen König und seinem Vorgänger Magnus, bei Enköping am Mälarsee. Dank Unterstützung seines Vaters blieb König Albrecht der Sieger. Magnus wurde gefangengenommen und für mehrere Jahre in die Festung Stockholm getan.

»Märchenhaft schnell«, so Mecklenburg-Historiker Otto Vitense, »hatte Herzog Albrecht II. sein erträumtes Glück in der Krönung seines Sohnes zum schwedischen König gefunden. Ohne Zweifel liegt in dem ganzen Beginnen etwas Großes und Heldenhaftes. Zum erstenmal trat das kleine Mecklenburg politisch aus seiner territorialen Enge heraus, selbst über die deutschen Grenzen auf den Schauplatz europäischer Geschichte.«

Der glänzende Zustand hielt freilich nicht sehr lange an. Albrecht III., König von Schweden aus dem Hause Mecklenburg, vergrätzte seine skandinavischen Untertanen, indem er freigiebig schwedische Territorien an herbeigereiste deutsche Aristokraten vergab. Dänenkönig Waldemar war die steile Karriere dieses norddeutschen Fürsten ein großes Ärgernis. Die holsteinischen Grafen beäugten scheel die Szene. Außerdem gab es noch den norwegischen König Håkon, der des Magnus Vater und, verwirrend genug, des mecklenburgisch-schwedischen Albrecht Großvater war.

Die Szene hatte den Zuschnitt einer verzwickten Familienintrige, freilich mit kontinentalpolitischer Auswirkung. Noch verworrener wurde alles dadurch, daß die norddeutschen See- und Hansestädte die Gunst der Stunde zu ihrem Vorteil nutzen wollten.

Folgendes geschah:

Waldemar fiel in Schweden ein und forderte Gotland. König Albrecht gab seine Zustimmung, zur Empörung der Schweden. Ein starkes Bauernheer zog nach Stockholm und forderte die Freilassung von Magnus. Dies forderte gleichermaßen Håkon von Norwegen, des Gefangenen Vater.

Die Flotte der Hanse fuhr aus. Sie verwüstete Norwegen und Dänemark. König Waldemar reiste nach Deutschland, um Unterstützung zu finden. König Håkon schloß Frieden mit der Hanse.

Albrecht II. und Albrecht III. von Mecklenburg, Initial.

Waldemar gelang es, den Grafen von Holstein, den Herzog von Pommern, den Markgrafen von Brandenburg gegen Albrecht von Mecklenburg aufzuwiegeln, unter anderen. Albrecht von Mecklenburg schlug Pommernherzog Wratislaw bei Damgarten. Er nahm ihn gefangen.

Albrecht von Mecklenburg schlug die Holsteiner bei Roggendorf. Die Hansestädte blieben weiterhin siegreich. Beim Frieden von Stralsund, 1370, handelten sie sich allerlei skandinavische Privilegien ein. Waldemar von Dänemark starb.

Albrecht von Mecklenburg beanspruchte für seinen Sohn nun auch noch die dänische Krone. Der Kronrat wählte lieber Olaf, das war Håkons anderer Sohn. Die Entscheidung des Kronrats wurde von der Hanse unterstützt, heimlich. Albrecht erschien vor Dänemark mit seiner Flotte.

Albrechts Flotte wurde weitgehend vernichtet, durch einen fürchterlichen Sturm. 1379 starb Herzog Albrecht II. von Mecklenburg. Das Land hatte seinen starker Regenten verloren, der schwedische König seinen hochgescheiten Vater. Norwegen und Dänemark verbündeten sich gegen Albrecht. Olafs Mutter Margarete brachte Albrecht eine Niederlage bei. Sie nahm ihn gefangen. Albrechts Anhänger entfesselten einen Kaperkrieg, gegen die Hanse.

So weit das kaum noch überblickbare Gewirr aus Interessen, Aktionen und Reaktionen, aus Einsatz, Gewinn und Verlust.

In der Folge eroberte Königin Margarete mit ihren Truppen dann fast ganz Schweden. Die Hanse war durch die Seeräuberei erheblich geschwächt und sah Anlaß, zwischen den Kriegsparteien zu vermitteln. 1395 kam es zum alles entscheidenden Frieden von Skanör, und zehn Jahre später sollte Albrecht endgültig auf den schwedischen Thron verzichten. Er mußte sich mit der mecklenburgischen Herzogswürde begnügen. Seine Residenz nahm er in Gadebusch.

In jene Zeit fällt noch der Auftritt einer Person, die seither die historische Phantasie beschäftigt und die auch eingerückt ist in die lange europäische Galerie der »edlen Räuber«.

Es geht um Klaus Störtebeker. Seinen Beinamen verdankte er dem Umstand, daß er befähigt gewesen sein soll, einen Weinkrug in einem Zuge zu leeren und, zum Beweis, den umgestürzten Krug auf den Tisch zu setzen, und kein Tropfen war mehr darin.

Störtebeker gehörte unter die Anführer der Vitalienbrüder. Dieser Name ist französischen Ursprungs, *vitailleurs*, und erklärt sich daher, daß es zu den ersten Taten dieser Leute gehörte, während des Krieges zwischen Albrecht und Margarete das von den Anhängern Margaretes eingeschlossene Stockholm über die See hinweg mit Vitalien oder Viktualien, also Lebensmitteln, zu versorgen. Bei der Beschaffung zeigten sie sich nicht wählerisch. Die Ware wurde einfach von gekaperten Handelsschiffen genommen.

Zu solchem Tun hatten die Mecklenburger sie nicht nur ermuntert. Es läßt sich behaupten, daß Mecklenburg der eigentliche Erfinder der Bande gewesen sei.

Die Anfänge gestalteten sich nämlich derart,

daß Mecklenburg die in seinem Einflußgebiet befindlichen Seestädte Wismar und Rostock beim Kampf gegen Margaretes Dänemark beteiligt wissen wollte. Die beiden Städte sahen sich in einer Zwickmühle: zwischen der Strategie der Hanse, der einzig an einer passierbaren Ostsee gelegen war, und den genau gegenläufigen Forderungen ihres Feudalherrn. Sie entledigten sich des Problems, indem sie die Sache an die Seeräuber delegierten. Sie erklärten sich lediglich bereit, das angelandete Kapergut auf ihren Märkten gewinnbringend zu vertreiben.

Mecklenburgs Herzog fand die Entscheidung vorzüglich. Alsbald schloß er sich ihr an und überließ den Piraten in seinem Herrschaftsgebiet einen festen Standort, nämlich Ribnitz. Die Bande wuchs rasch. Sie rekrutierte sich aus Desperados aller sozialen Stände, bis hin zum Adel.

Ihr erste Anführer hieß Barthel Vot. Er stammte aus Wismar. Sämtliche erzielten Erlöse wurden zu genau gleichen Teilen unter die Beteiligten vergeben, und diesem Prinzip verdankten die Piraten ihren anderen Namen: Likendeeler. Ihr Kampfruf lautete: »Gottes Freund und aller Welt Feind«.

Der Kaperkrieg war recht erfolgreich. In seiner Konsequenz eroberten die Mecklenburger vorübergehend Bornholm und Visby, Åbo, Viborg und allerlei andere Flecken in Finnland. Bergen wurde ebenso geplündert wie Malmö.

Hauptstützpunkt der Vitalienbrüder war schließlich Gotland. Ein Hansetag trat zusammen und entschied auf drastische Maßnahmen. Rostock und Wismar scherten aus, aber es gelang, die militärische Unterstützung des Deutschen Ritterordens zu gewinnen. Hansekoggen machten erfolgreiche Jagd auf Likendeeler. Die erfuhren jetzt auch keine Unterstützung mehr durch Mecklenburg, denn mit dem Frieden von Skanör war dafür die Begründung entfallen. Schon 1400 zeigte sich die Ostsee von Likendeelern weitgehend frei.

Sie hatten freilich ihre Aktivitäten bloß auf die Nordsee verlagert. Dort fanden sie jene Unterstützung, die sie zuvor durch Mecklenburg erhalten hatten, bei den Grafen von Oldenburg. Dann aber kam es zur entscheidenden militärischen Auseinandersetzung, in Friesland, und Störtebeker mit seinen Leuten unterlag.

Sie wurden gefangengenommen. Sie wurden nach Hamburg verbracht, um dort, im Angesicht einer großen Menschenmenge, enthauptet zu werden, voran Störtebeker und der andere Anführer Godeke Michels. Bei bereits abgeschlagenem Kopfe soll der trinkfeste Klaus noch an der Front seiner Kumpane vorbeigeschritten sein, und jene seien mit dem Leben davongekommen, die er dabei passierte, bis er umfiel.

Genau so blutig-romantisch schreitet er seither auch durch zahllose triviale Erzählbücher und durch die egalitären Träume linker Utopisten.

Die Feudalverfassung auf dem platten Land: Das Leben im Dorf

Wir wissen einiges über die Seewege und Handelsumsätze der Hanse, wie wir manches über das kriegerische Tun der Mecklenburg-Wismar und der Werle wissen. Die gesicherte Geschichtsschreibung wendet sich gern den spektakulären Ereignissen zu. Die werden in der Regel von den dazu befähigten Entscheidungsträgern erbracht. Mehr noch als in anderen Ländern war in Deutschland die Historiographie lange Zeit eine Sache der dynastischen Ergebenheit. Geschichte wurde bei uns vorzüglich als Geschichte der Herrschenden begriffen.

Das darauf respondierende Verfahren der Marxisten, eine Geschichte der Volksmassen zu schreiben, erschöpfte sich im Auflisten gelegentlicher Revolten der Unterschichten, in den Beschreibungen, wo die Klassenfronten verliefen, wie die Produktivkräfte welchen Zuwachs erfuhren und wo es Ansätze zu utopischen Modellen der sozialen Gerechtigkeit gab. Das alltägliche Leben mit Essen und Trinken, mit Liebe und Krankheit, Geburt und Tod blieb bei ihnen so ausgeklammert wie bei den Hagiographien des regierenden Adels.

Die Frage, wie man damals lebte in Mecklenburg und Vorpommern, stößt auf äußerst heterogene Zeugnisse. Vielfach sind die Bilder aussagekräftiger als sämtliche Schriften. Vieles muß erschlossen werden durch Analogien zu den Zuständen anderswo im Reich oder in Europa oder in anderen Zeitaltern. Immer ist der Krieg besser dokumentiert als der Frieden und findet das Extraordinäre breitere Erwähnung als die Normalität.

Mit dem 14. Jahrhundert setzte in Europa die Dämmerung des Mittelalters ein. Die Stadtrepubliken Italiens ebenso wie die Hansestädte im nördlicheren Europa beförderten die Heraufkunft einer neuen Gesellschaftsschicht von beträchtlicher wirtschaftlich-politischer Stärke und eigener zivilisatorischer Gestaltungskraft. Noch aber herrschten auch, zumal in Mecklenburg und Vorpommern, die überkommenen Normen des Feudalzeitalters mit ihren manchmal höchst unübersichtlichen Abhängigkeitsverhältnissen.

Deren Grundlage bildete das Lehenswesen. Es war in der für Deutschland verbindlichen Form ein Erbteil germanischer, vor allem fränkischer Gewohnheiten und sah vor, daß die Grundlage aller materieller Produktion, nämlich das agrarisch ausbeutbare Land, vom Eigner zur Nutzung abgetreten wurde an andere Personen, die dafür ein Entgelt zu leisten hatten. Dies bestand ursprünglich in der militärischen Verfügbarkeit. Die älteste Funktion des Lehnsherrn war die des Kriegsfürsten, der Schutz gewährte und dafür Treue verlangte. Dieses persönliche Verhältnis der Vasallität wurde dann auf die übrigen Bereiche des gesellschaftlichen Lebens übertragen. Der Herr vergab Liegenschaften zur Bewirtschaftung, wofür Abgaben erhoben werden konnten oder nicht. Wichtig blieben der Gehorsam und die Bereitschaft zur soldatischen Dienstleistung.

Der Begünstigte konnte das Land seinerseits weitervergeben, damit eine Bewirtschaftung erfolgte und Erträge einkamen. So entstand ein differenziertes Herrschaftsgefüge aus von oben nach unten weiterreichbaren Abhängigkeiten, in der Gestalt vergleichbar einer Pyramide, deren Spitze der Kaiser oder König war, während die Basis das Heer der Unfreien stellte.

Diese eigentlich klare Struktur wurde in der Wirklichkeit vielfach gebrochen. Das Lehen erschien schon bald als bleibender Besitz, mittelalterlich *Gewere*, als ein Eigentum, mit dem beliebig verfahren wurde. Erbteilungen oder Mitgiften schufen völlig neue Hierarchien. Streitigkeiten und Kriege stürzten vorgegebene Subordinationen und schufen hastig neue. Das Prinzip der Reichsunmittelbarkeit hob eine eben noch als sicher angesehene Unterordnung plötzlich und völlig auf. Geistliche Herrschaften nahmen an dem vorgegebenen Sozialgefüge auf ihre besondere Weise teil, die bei aller weltlichen Interessiertheit immer auch ihre theologischen Eigentümlichkeiten beinhaltete.

Eigentlich galt der Grundsatz, daß der gesellschaftliche Stand erworben wurde durch die Geburt. Im Fall einer ehelichen Verbindung zwischen Freien und Unfreien folgten die Kinder gewöhnlich der *ärgeren Hand* und wurden also unfrei. Doch die Grenzen zwischen Freiheit und Unfreiheit waren stets fließend und wurden es mit der Zeit immer mehr.

Das macht: wie der Freie sich in den Schutz und damit in die Pflicht eines Herrn begeben konnte, besaß der Unfreie eine Möglichkeit zum sozialen Aufstieg. Letzteres galt vornehmlich für die Ministerialen. Sie waren eigentlich unfreie Dienstleute, die, während der Salierzeit und dann weiter während des gesamten Hochmittelalters, im militärischen oder Verwaltungsdienst eines Feudalherren standen. Dabei konten sie sich hochdienen, um schließlich mit Landbesitz belehnt zu werden. Sie waren befähigt, in den unteren bis mittleren Adel aufzusteigen.

Die allgemeine Unübersichtlichkeit konnte zu immer neuen und zumeist blutig ausgetragenen Händeln führen. Die materiellen Grundlagen auch dafür - Essen und Trinken, das Vieh, die Kleidung und alle Tätigkeiten zum höheren Nutzen des Feudalherrn - lieferten die Abhängigen und Unfreien, in den verschiedenen Formen des Zinses und der ungemessenen Fronarbeit.

Ungeachtet der deutlichen Präsenz von Städten und ihres kräftigen Wachstums lebte bis zum Ende des Mittelalters der übergroße Teil der Menschen Deutschlands auf dem Lande. Im besonders stadtarmen Mecklenburg und Vorpommern dürfte es sich hier um mehr als 90 Prozent der Gesamtbevölkerung gehandelt haben. Zivilisatorische Grundlage alles ländlichen Lebens war das Dorf, und die kleinste Einheit im Dorf stellte der Hof dar.

Er war Wohnstätte, Speicher und Stallung. In Mecklenburg und Vorpommern befand sich dies alles, dem allgemeinen niederdeutschen Beispiel folgend, bis in unsere jüngste Zeit hinein unter einem einzigen Dach. Da die mecklenburgisch-vorpommerschen Dörfer zumeist auf Rodungen entstanden, also reichlich Wald vorhanden war, blieb als Baumaterial genügend Holz zur Verfügung. So wurde Fachwerk errichtet. Die Gefache wurden mit Flechtwerk und Lehm gefüllt. Die Dächer waren mit Stroh gedeckt.

Haus und Hof waren nicht nur Gebäude. Sie bildeten den Lebensraum der Familie, die ihrerseits als kleinste Einheit innerhalb der mittelalterlichen Gesellschaft galt. Sie basierte auf der Ehe, die sowohl eine Vertragsgemeinschaft wie dann, unterm Einfluß des kanonischen Rechts, ein Sakrament war.

Die Familie wurde repräsentiert durch den Familienvater. Entsprechend den hierarchischen Vorstellungen des Mittelalters und darin durchaus vergleichbar dem Lehnsherrn, gewährte er seinen Angehörigen Schutz, wofür er Gehorsam erheischte. Er vertrat die Glieder der Familie nach außen, bis sie aus dem Familienverband ausschieden.

Die übliche landwirtschaftliche Nutzfläche eines Hofes hieß Hufe. Die Dörfer der niederdeutschen Kolonisationsgebiete bestanden gewöhnlich aus 12 Hufen, größere hießen Doppeldörfer. Die zur Verfügung stehenden Äcker waren in Mecklenburg und Vorpommern größer als in den Herkunftsgebieten der Siedler, was einen zusätzlichen Anreiz bot, an der Kolonisation teilzuhaben. Die Hufenordnung bildete zugleich die Bemessungsgrundlage für die an den Lehnsherrn zu zahlenden Steuern.

Bewirtschaftungsform blieb das gesamte Mittelalter hindurch die Dreifelderwirtschaft: Auf zwei Jahre des Anbaus folgte ein Jahr, da der Acker brach lag. Es diente dies der Regeneration des Bodens, außerdem wurde dadurch eine gründlichere Bekämpfung des Unkrauts möglich. Der Boden wurde mit dem Hakenpflug gelockert, oft gleich mehrmals hintereinander, und es wurde Dung aufgebracht. Angebaut wurde in der Regel Getreide, vor allem Roggen, dann noch Dinkel und Gerste. Die Ernte erfolgte mit Sichel oder Sense. Selbst in guten Jahren blieben die Erträge relativ gering, man rechnete mit einem durchschnittlichen Verhältnis Saat-Ernte von 1:3.

Die Viehhaltung war bescheiden. Bevorzugt wurde Kleinvieh, da Großtiere zu viel Weidefläche beanspruchten, und die stand nur ausnahmsweise zur Verfügung.

Die Rangordnung im Dorf wurde hergestellt durch die unterschiedliche Teilhabe am Besitz. Es gab Bauern, Gesinde, Handwerker, Tagelöhner. Das Gesinde war unverheiratet und lebte mit der Familie des Bauern unter einem Dach. Es hatte seinen Anspruch auf eine ordentliche wirtschaftliche Versorgung, andere soziale Rechte besaß es nicht.

Dieser garantierte Unterhaltsanspruch unterschied es von den Tagelöhnern, die zwar über eine eigene, meist hoffnungslos elende Behausung verfügten, aber bloß in Stoßzeiten der Landarbeit auf Beschäftigung und damit Entlohnung hoffen durften. Die Handwerker, voran Schmiede und Müller, waren überaus angesehen. Manchmal stammten sie aus den Klöstern.

Die Arbeit auf dem Lande war mühselig und

schwer. Technische Hilfsgerätschaften gab es nur wenige: Pflug, Egge, Sense, Sichel, Dreschflegel. Die Zeiten der Feldbestellung wurden im Dorf gemeinsam entschieden. Im Falle von Herdenhaltung durch eigens bestallte Hirten zeigen sich fast genossenschaftliche Züge.

Es existierten noch weitere Formen einer den Hof übergreifenden Kommunikation: die Nachbarschaft, also die lokal bedingte, nicht verwandtschaftliche Unterstützung, sowie die Freundschaft. Mit diesem Wort wurden alle erreichbaren Verwandten bezeichnet, und es hielten sich in diesem Begriff allerletzte Spuren der alten germanisch-vorchristlichen Sippenordnung.

»Das Handeln des einzelnen Bauern«, schreibt der Historiker Richard van Dülmen, »war eingebunden in einen größeren Lebenszusammenhang, in dem bei aller sozialen Differenz ... Solidarität an erster Stelle stand gegen alle möglichen Gefahren wie Unwetter und Brand, Ausbeutung und Überfälle. Keiner konnte sich in sein Haus zurückziehen, jeder war in irgendeiner Weise auf den anderen angewiesen.«

Ausdruck solcher Gemeinsamkeit wurden die verschiedenen dörflichen Einrichtungen: das Gericht, das die lokal anfallenden Streitfälle entschied; Kirche und Gottesdienst, die dem Dörfler einmal die Woche seinen Platz im christlichen Universum zuwiesen. Dorfgemeinschaft und Kirchengemeinde waren zumeist identisch. Mit der Religionsausübung wurden dann auch verschiedene Formen der Festlichkeit verknüpft, die, neben dem Rhythmus des Wirtschaftsjahres, sowohl

Landleben und Gerichtswesen im 15. Jahrhundert, Holzschnitt.

den Sonnenkalender wie den Ablauf des allgemeinen menschlichen Lebens bestimmten: Weihnachten, Ostern, Kirmes.

Sie bedeuteten zugleich eine vorübergehende Befreiung aus dem privaten Raum, in dem sonst gelebt wurde, dessen Ausmaße und Umstände nach heutigem Begriffe elend und primitiv waren, selbst bei wohlhabenderen Bauern.

Im Mittelpunkt des Hauses befand sich die Feuerstelle. Auf ihr wurde gekocht, sie verbreitete Wärme und Licht. Ein Schornstein existierte nicht durchweg. Immer breitete im Hause sich Qualm aus, verrußte die Wände und verdarb die Atemluft. Fenster, wo es sie gab, waren klein.

Man schlief zwischen Vorräten und Vieh, auf dem festgestampften Boden oder im Bett, das, neben der Truhe, als kostbarster häuslicher Besitz galt. Man nächtigte in engster Berührung: Eheleute, Kinder, Gesinde. Alle nahmen an allem sinnlichen Anteil: an Geburten, an der Liebe, am Sterben. Die geschützte Intimität des privaten Lebens ist eine relativ späte bürgerliche Erfindung, und im bäuerlichen Milieu setzte sie sich zu allerletzt durch.

Kinder galten als Zweck und Erfüllung einer Ehe. Erst mit ihrer Geburt wurde ein Familienvater seinem Namen und seiner Funktion gerecht. Kinderlosigkeit erschien als Gottesfluch und war überdies eine schwere wirtschaftlich-soziale Beeinträchtigung, denn sie bedeutete fehlende Hilfe bei der täglichen Arbeit und fehlende Sicherung für das Alter.

Die Mortalität bei Kindern war hoch. Vor allem

ihr ist dann auch die damalige durchschnittliche Lebenserwartung zu danken, die noch unter 30 Jahren lag. Eine exakte biographische Grenze für den Eintritt des Alters existierte nicht. Sie war immer dann gegeben, wenn der andauernde körperliche Verschleiß zu einer überwiegenden Arbeitsunfähigkeit führte, was in aller Regel bei fünfzig Jahren geschah.

Essen und Trinken waren einfach. Grundnahrungsmittel bildete der aus Getreide gefertigte Brei. Aus Mehl wurden auch Fladen gebacken, harte Dinger, die man aufweichen mußte, um sie verzehren zu können.

Aus diesem gesamten trostlosen Einerlei des alltäglichen Lebens brachten eine Erlösung die Feste. Die gesamte Dorfgemeinschaft nahm an ihnen teil, und Hauptinhalte waren immer das Fressen und das Saufen, manchmal die Verkleidung und das Rollenspiel. Dies galt vornehmlich für die Faßnacht. Vom Kirchenkalender an den Beginn der Fastenzeit gesetzt, transportierte sie vor allem vorchristlich-heidnische Erinnerungen an Winteraustreiben und Beschwörungen der Fruchtbarkeit. Die hier sich eröffnende Möglichkeit, Masken anzulegen, die angestammte soziale Rolle spielerisch zu verlassen, die angestauten gesellschaftlichen und sexuellen Aggressionen auszuleben, bedeutete eine sehr erhebliche psychosoziale Entlastung.

Das Leben des zeitgenössischen Adels hatte mit jenem der Bauern schon insofern viel zu tun, als hier direkte wechselseitig-wirtschaftliche Abhängigkeiten bestanden. Viel bäuerliches Brauchtum war aus den Lebensgewohnheiten des Adels abgesunken ins Dorf, wie auch umgekehrt der Adel ursprünglich bäuerliches Brauchtum zu sich aufhob und für seine Zwecke veredelte.

Die Grundsätze der Ehe, der Familie und der Patriarchalität galten unverändert in dem einen wie dem anderen Milieu. Aufgabe des Adels war der militärische Schutz, die bewaffnete Verteidigung, sein Lebensraum war die Burg. Für den kriegerische Konfliktfall errichtet, waren die Burgen auch der Ort, wohin die bäuerliche Bevölkerung in Notsituationen flüchten konnte.

Die Burganlage wurde eingegrenzt durch einen Wall. Manchmal verlief er zwiefach, häufig wies er einen Graben auf. Es gab Wachtürme für die Beobachtung, es gab verschiedene Gebäude, für die Vorräte, für die Unterbringung von Mensch und Tier, für zum Haushalt gehörige Personen und für Gäste. Wegen der allgemeinen Kostspieligkeit der Heizmaterialien existierten nur wenige beheizbare Gemächer, die *camerae caminatae*, woraus das deutsche Wort Kemenate wurde.

Die Fluchthilfe- und Verteidigungsaufgaben der Burg galten zumal für die Gebiete der Ostkolonisation. Die Fortifikationen erfuhren im Verlauf der Jahrhunderte allerlei Veränderungen, ganz entsprechend der sich wandelnden Kriegs- und Waffentechnik. Das soziale Leben auf den Adelssitzen schuf sich seine eigenen Ausprägungen, in einer eigenen Kultur, deren ausführliche Schöpfungen im Wort und in Bildern zumal die höfische Kultur der Stauferzeit ergaben.

Sie erzählen von einer Welt mit striktem Ehrenkodex, der um Begriffe wie Treue, Mut und Beständigkeit kreiste. Die verheirateten Adelsdamen wurden in streng ritualisierten Liedern angeschwärmt, wie sie etwa Witzlaw von Rügen verfaßte. An gesellschaftlichen Vergnügungen gab es die Jagd, die Turniere, den Tanz, überhaupt die höfischen Feste sowie das Abenteuer in der Fremde. Alles sollte der sittlichen Vervollkommnung des Edelmannes dienen.

Diese Kultur, in der auch arabische Einflüsse aufscheinen und die ohne den logistischen Hintergrund der Kreuzzüge undenkbar bleibt, war über Frankreich nach Deutschland gekommen. Hier wie dort beschreiben die ästhetischen Dokumente einen durchaus idealischen, in der Realität kaum einlösbaren Zustand. Die Wirklichkeit war nämlich ganz anders. Auch die höfische Kultur für sich repräsentierte, blickt man genau hin, alle Symptome einer gesellschaftlichen Krise.

Der niedere Adel war, aus vielerlei Gründen, von denen das bestehende Erbrecht nur einer war, zu einer gesellschaftlich überflüssigen Schicht verkommen. Er verarmte. Seine Lebensumstände gerieten ähnlich trist wie die der Bauern. Die Kreuzzüge eröffneten die Möglichkeit zu einer neuen, scheinbar sinnvollen Existenz. Einen anderen Ausweg bot die Ostkolonisation, der sich dann exklusiv einer jener Ritterorden widmete, die eigentlich für die reisige Teilnahme an den Kreuzzügen entstanden waren.

Natürlich gab es auch reiche Herren mit großem Hofstaat und ausgedehnter Burganlage. In den zahlreichen Gemächern verfügten noch die

Kinder über eigene Räume, getrennt nach Geschlechtern und von Wachen beschützt. Solche Burgen waren das Beispiel, nach dem der gesamte Adel sich streckte, von dem er seine zivilisatorischen Normen bezog und das er niemals erreichen sollte. In Mecklenburg mochten ihm vielleicht zwei oder drei Häuser nahekommen, mehr nicht.

Familienbande II: Erich, ein Schwedenkönig aus Pommern

Ein anderer deutscher Fürst mit Anspruch auf die schwedische Krone hieß Erich von Pommern. Sein Name lautete eigentlich Bogislaw, aber seine Großtante Margarete bestimmte ihn, diese deutliche Erinnerung an die wendische Herkunft seiner Familie zu eliminieren. Er siedelte nach Dänemark über und wurde 1397 in Kalmar gekrönt.

Margarete starb 1412. Es handelte sich bei ihr um jene bemerkenswerte Frau, die den (im selben Jahr verstorbenen) Albrecht III. von Mecklenburg aus Schweden vertrieben hatte. Nun erbte Großneffe Erich von ihr auch noch die Herrschaft über Norwegen und Schweden.

Das abschreckende geschichtliche Beispiel vom Scheitern Albrechts fruchtete bei Erich von Pommern wenig, wenn er es denn überhaupt bedachte. Auch er nämlich verhedderte sich gründlich in den komplizierten innerschwedischen Wirren. Er überwarf sich mit den skandinavischen Adelsfamilien, brachte die Mehrheit der Leute gegen sich auf und zog sich im Verlaufe seiner Niederlagen erst auf die Insel Gotland und schließlich wieder ganz in sein Geburtsland Pommern zurück.

Dabei blieben die Beziehungen zwischen Vorpommern und Schweden naturgemäß eng. Sie waren gegeben durch die Geographie. Von der Nordspitze der Insel Rügen bis zur Südküste Schonens beträgt die Entfernung eben 36 Seemeilen. Besonders im 14. und 15. Jahrhundert wanderten immer wieder deutsche Familien nach Schweden aus, Adlige wie Nichtadlige. Zwischen Kalmar und Stralsund gab es einen ständigen Handelsaustausch. Viele schwedische Städte, so vor allem Stockholm, besaßen eine starke deutsche Kolonie, die dann sowohl Albrecht wie danach Erich eine beträchtliche, wiewohl niemals ausreichende politische Unterstützung angedeihen ließ.

Das schließlich fehlgeschlagene schwedische Abenteuer seines Herzogs sollte besonders für Mecklenburg zu traurigen Konsequenzen führen. Die mit diesem Engagement verbundenen fortwährenden Kriege und Händel bluteten es aus. Die Kultivierung des Kaperkriegs verdarb die allgemeine Moral und förderte die Freibeuterei. Die anderweitig beschäftigte Zentralgewalt hinterließ im Lande jene Vakuen der Macht, die, wie bei ähnlicher Gelegenheit schon einmal, durch den Ehrgeiz von Partikularfürsten und durch die Selbständigkeitsbestrebungen der Seestädte ausgefüllt wurden. Es muß schon als ein ausgesprochener dynastischer Glücksfall gelten, wenn diese innere Erosion nicht zu einer neuerlichen Aufsplitterung der Herzogsherrschaft führte.

Vielmehr war das Gegenteil der Fall. Die verschiedenen Nebenlinien des Herrscherhauses der Obotriten starben eine nach der anderen aus. Schließlich lief alle exekutive Gewalt auf das Haus Mecklenburg-Schwerin zu, also auf Albrechts Nachfahren.

Hier regierte einige Jahre Katharina, Witwe Johanns IV., der ein Enkel seines bedeutenden Großvaters Albrecht II. gewesen war. Unter Katharina wurde eine Art Verwaltungsreform durchgeführt. Ganz Mecklenburg erfuhr eine Einteilung in einzelne Bezirke, durch die eine bessere Übersicht und Administration möglich wurde.

In den wendischen Seestädten herrschte gerade wieder Aufruhr, und wie üblich rebellierten die Zünfte gegen den patrizischen Rat, was in Wismar bis zur Hinrichtung des dortigen Bürgermeisters Banzkow führte. Katharina ließ die Dinge treiben. Die Schwächung der städtischen Hanse-Macht kam ihr offensichtlich gelegen. Erst eine strikte Anweisung des Kaisers Sigismund zwang sie, in Wismar initiativ zu werden, daß die alten Verwaltungszustände wiederhergestellt würden.

Als 1436 die Güstrow-Werle ausstarben, kam es zu einer gemeinsamen Herrschaft von vier Herzögen, zwei Schwerinern und zwei Stargardern. Dieses frühe Beispiel von kollektiver Führung funktionierte sogar eine Weile ganz gut. Dann machten die brandenburgischen Fürsten territoriale Ansprüche geltend, die sie sich im Vertrag von Wittstock 1442 zwar wieder abhandeln ließen, aber nur für sehr viel Geld und für einen Erbanspruch in dem Fall, die Obotritenherzöge stürben gänzlich aus. Seit jener Zeit reklamierten die Hohenzollern ein Mitspracherecht in mecklenburgischen Dingen.

Katharinas Sohn und Nachfolger hieß Heinrich. Er war der vierte des Namens in dieser dynastischen Reihe und hieß mit Beinamen »der Dicke«. Er war fett, faul, unfähig, verschwendungssüchtig, und er regierte sehr lange. Seine Herrschaftszeit gilt rundum als Katastrophe.

Er machte Schulden. Er verpfändete eine Vogtei und ein Vorrecht nach dem anderen. Er mischte sich in innenpolitische Streitereien ein und verlor immer dabei. Unter ihm wuchs die Eigenständigkeit der Hansestädte, ohne daß er es hindern konnte, und es wuchs die Dreistigkeit des Kleinadels. Hernach hochberühmte Geschlechter traten unter ihm in die allgemeinere Geschichte ein als rücksichtslose Räuber und Mordbrenner: Lützow, Moltke, Plessen, Bernstorff, Maltzahn. Er engagierte sich, daß einer seiner Söhne Bischof in Hildesheim würde, ohne Erfolg. Schließlich war er so verschuldet, daß er noch sein Tafelsilber versetzen mußte. Der Ersatz dafür, holzgeschnitzte und buntbemalte Gefäße aus den Dorf Banzkow, erhielten den hübschen Namen »Banzkowsche Glaswaren«.

Immerhin geschah es, daß er 1471, nach dem Aussterben der Linie Stargard, ganz Mecklenburg unter seiner Herzogskrone vereinigen konnte, ausgenommen bloß noch die Bistümer Schwerin und Ratzeburg, die bis zur Reformation ihre Selbständigkeit behalten sollten. Heinrich der Dicke starb 1477. Sein Sohn und Nachfolger Magnus II. war von etwas anderem Zuschnitt.

Er bezahlte die enormen Schulden seines Vaters und holte die verpfändeten Vogteien zurück. Es gelang ihm, die Sicherheit auf Landstraßen und Handelswegen wieder einigermaßen herzustellen. »Sein Hauptverdienst«, schreibt der Historiker Otto Witte, »bestand darin, daß er durch eine beharrliche Verwaltungs-, Finanz- und Wirtschaftsreform das Ansehen der fürstlichen Führung unabhängig von den erstarkenden Ständen entscheidend stärkte. Er war der erste Fürst Mecklenburgs, der versuchte, den Staat im Sinne des Absolutismus zu leiten und die locker verbundenen, nach mittelalterlicher Weise und dezentralistisch regierten Teile des Landes zu einem modernen, zentralistisch geleitetem Staat zusammenzufassen.«

Absolutismus? Fast ein Jahrhundert vor Frankreichs Henri IV. und der vollen Herausbildung aller entsprechenden etatistischen Regeln und dies ausgerechnet im entlegenen Mecklenburg? Andere Autoren gehen mit Magnus weniger freundlich um. Sie listen seine umständlichen Versuche auf, die Städte Rostock und Wismar zu disziplinieren, und auch mit dem selbstbewußt gewordenen Adel gab es unter Magnus immer wieder Probleme.

Er starb 1503. Er hinterließ drei Söhne und einen Bruder. Die hatte er noch darauf verpflichtet, dem Lande die Einheit zu erhalten und sie zu festigen, und anfangs sah es sogar aus, als wolle man dies beherzigen. Feierlich schloß man die entsprechenden Verträge. Dann aber starben zwei der Vertragspartner, und alsbald gerieten die beiden Überlebenden, die Brüder Heinrich und Albrecht, in Streit.

Wir schreiben das 16. Jahrhundert. Im sächsischen Wittenberg würde bald der Augustinermönch Martin Luther seine Thesen wider den Ablaßhandel öffentlich machen. In Franken, Thüringen und Schwaben würden die Bauern rumoren. Die Reformationszeit samt allen theologischen, politischen und sozialen Implikationen stand ins Haus und sollte die Territorien von Mecklenburg und Vorpommern keinesfalls auslassen.

Mönchsorden und Zünfte: Das Leben in der Stadt

Man hat zu Recht darauf hingewiesen, daß die durch Mauern nach außen abgeschirmte elitäre Gemeinschaft mit eigener Binnenkultur, wie sie der hochmittelalterliche Adelshof erstrebte, die Eigentümlichkeiten der mönchischen Orden wiederholte. Burg und Kloster wiesen auch sonst noch allerlei Ähnlichkeiten auf, architektonische voran. Die weltlichen Ritterorden unterwarfen sich deutlich einer nach der Regel des heiligen Benedikt ausgerichteten Disziplin. Kloster wie Adelshof kannten die gleiche patriarchalische Struktur, die gleichen Tischsitten und die gleiche Gastlichkeit.

Die mönchischen Orden des Mittelalters waren Lebensgemeinschaften, die sich unter einen hohen sittlichen Anspruch stellten und große kulturelle Energien entwickelten. Materielle Grundlage war auch hier der Landbesitz. Er stellte die Orden der Aristokratie gleich. Manche der Abteien waren reichsunmittelbar, andere unterstanden den Teilfürsten, meistens als einstige Stiftungen von deren Familie. Der lauernden Neigung zu sittlichem Verfall und äußerer Dekadenz, der fast alle Klöster ausgesetzt waren, begegneten die verschiedenen Reformversuche, voran jene, die ausgingen vom Kloster Cluny. Für die deutsche Ostkolonisation besonders erheblich wurde der Orden der Zisterzienser.

Ein berühmtes Beispiel dafür bietet Doberan.

Bereits 1171 gegründet, im heutigen Ortsteil Althof, wurde das Kloster während des Wendenaufstandes zerstört. Erhalten blieb aus jener Zeit noch die Klosterscheune. Sie ist heute der älteste erhaltene Profanbau Mecklenburgs.

Doberan, ein slawisches Wort, bedeutet ›guter Platz‹. 1186 erfolgte die Neugründung des Klosters am heutigen Ort. Bald wurde daraus das mächtigste und reichste Ordensanwesen ganz Mecklenburgs, das älteste war es ohnehin. Zeitweise verfügte es über 66 Dörfer und Güter. Die Klosterkirche orientierte sich architektonisch an der französischen Kathedralgotik und an der Lübecker Marienkirche. Zur Anlage gehören Beinhaus, Kornhaus und Brauhaus. Die Innenausstattung der Kirche ist heute noch, ein kulturelles Rarissimum, in ihrer ursprünglichen Ausstattung völlig erhalten.

Adelssitze, Bauernhöfe und Klöster. Sie bestanden als Einrichtungen seit dem europäischen Frühmittelalter. Ihre Ausstattung mochte sich verändert und vervollkommnet haben, in ihrer Funktion blieben sie sich immer gleich. Die große zivilisatorische Erneuerung im Hoch- und Spätmittelalter, wir sagten es schon, geschah durch die Stadt.

Die zeigte durch ihre Befestigungsanlagen an, daß sie eine ähnliche Aufgabe und also einen ähnlichen Rang beanspruchte wie die feudale Burg, aus der sie, entsprechende Namen bezeugen es, zuweilen hervorgegangen war. Ihre Bevölkerung aus durchweg freien, dabei nichtadligen Bewohnern besaß eine soziale Homogenität, die zwar in den

Klosterkirche Doberan.

sehr unterschiedlichen Besitzständen gleich wieder aufgehoben wurde, doch war der Besitz wenigstens durch eine persönliche Leistung entstanden, nicht durch die unbeeinflußbaren Zufälle der Geburt. Die Stadt hatte ihre deutlichen patriarchalischen Hierarchien, wie alles Leben im Mittelalter, aber hier zeigten sie sich ein wenig durchsichtiger und durchlässiger als bei der feudalen Adelsgesellschaft.

Die mittelalterliche Stadt war der Ort für Handel und Handwerk. Der Handel dominierte und da besonders der Groß- und Fernhandel. In ihm wurden die wesentlichen Reichtümer erworben, aus seinen Kreisen bildete sich das städtische Patriziat. Es stellte als wichtigstes Organ der städtischen Selbstverwaltung den Rat, der aus seiner Mitte den Bürgermeister berief.

Selbstbestimmt war auch die innere Ordnung der meisten Berufe, durch das Instrument der Zünfte. Ihrem Ursprung zufolge waren das christliche Bruderschaften, wie ähnlich die Angehörigen eines Mönchsordens, aber der religiöse Hintergrund verflüchtigte sich bei den Zünften bald. Seit dem 12. Jahrhundert entschieden sie über die Zulassung zum Beruf, sie nahmen Qualitätsprüfungen vor und regelten den Wettbewerb. Zünfte organisierten das Handwerk und den städtischen Kleinhandel. Immer wieder gab es Tendenzen, die Zünfte, über ihre Meister, an der Stadtverwaltung zu beteiligen, was manchmal gelang und meistens nicht.

Für Rostock geschah ein solcher, zunächst geglückter Versuch erstmals während der Belagerung durch die Dänen im Jahre 1312. Rat und Kaufmannschaft plädierten für die Übergabe. Die Zünfte unter ihrem Anführer Heinrich Runge hielten dagegen. Es kam zu förmlichen Straßenschlachten, der alte Rat wurde verjagt, und aus Kreisen der Zünfte bildete sich ein neuer Rat. Dem gelang der Frieden mit Dänemark durch die horrende Zahlung von 14000 Mark Silbers. Heinrich Runge hielt sich insgesamt ein Jahr lang im Amt. Dann geschah es, daß Heinrich der Löwe von Mecklenburg-Wismar in die Stadt eindringen konnte, Runge floh, und der Löwe stellte die alte Ratsverwaltung wieder her.

Solche Revolten sollte es auch später noch geben. Im Jahre 1408 übernahm in Rostock ein aus den Zünften gebildeter neuer Rat die Verwaltung und wollte sogar die Güter der alten Ratsmitglieder einziehen. Erst 1417 und durch Druck von außen wurden die früheren Zustände restituiert. 1487 schließlich kam es zur offenen Revolte, weil in Rostock die Einrichtung eines herzoglichen Stiftes geplant war. Dagegen brach ein Volksaufstand los, sein Anführer hieß, der Name klang geschichtsträchtig, Hans Runge, von Beruf Steinmetz. Wieder bildete sich ein Rat aus Kreisen der Zünfte, als Entgegnung erfolgten bewaffnete Aktionen der Fürsten und der anderen Hansestädte, und der Papst verhängte den Bann über die Stadt. 1490 kam es zum Ausgleich: Der alte Rat wurde wieder eingesetzt, Runge und die anderen Anführer der Revolte wurden geköpft.

Ähnliche Emeuten geschahen in allen Hansestädten Mecklenburgs und Vorpommerns, in Wismar so gut wie in Stralsund, in Anklam so gut wie in Demmin.

Die Stadt hatte ihre juristische Autonomie, symbolisiert durch das Siegel. Sie hatte ihre eigene Gerichtsbarkeit. Sie zog die Unterprivilegierten vom Lande an, die hier freie Bürger werden konnten: *Stadtluft macht frei.* Klosterorden etablierten sich in ihren Mauern und lebten demonstrativ das Gebot der Armut, es handelte sich um Bettelorden, Franziskaner und Dominikaner, die auf irdischen Besitz fast völlig verzichteten.

Gleiche Gewerbe siedelten in nämlichen Gassen und nämlichen Quartieren. In einem besonderen Bezirk, dem Getto, versehen mit einem speziellen und nachts abschließbaren Zugang, wohnten seit dem Hochmittelalter die Juden. Ihr übliches Geschäft war der den Christen untersagte Geldhandel.

Die Stadt erwies sich, verglichen mit dem agrarischen Land, als deutlich produktiver und progressiver. Dabei lebte man in ihr nicht in jedem Falle besser. Aller potentieller Siedlungsgrund war vorgegeben durch die Mauer, und Einzelgrundstücke mußten sich um so mehr bescheiden, je größer der Andrang neuer Bewohner wurde. Schließlich entstanden Vorstädte, die dann mit einer neuen, erweiterten Fortifikation umgeben werden mußten.

Das gotische Haus war schmalbrüstig, und es war so lichtarm wie irgendeine Kätnerwohnung im Dorf. Wer es sich leisten konnte, baute in Stein. Das bot einen größeren Schutz gegen die immer wieder wütenden Brände. Aller Unrat fiel auf die

Straße, blieb dort liegen, die Schweine wühlten darin und liefen den Passanten durch die Beine.

Auch im städtischen Haus drängten sich die Mitglieder einer Familie, zusammen mit den unverheirateten Gesellen und dem Lehrling, zumeist in einem Raume, der zusätzlich noch Werkstatt war. Manche Handwerker zogen es vor, ihre Arbeit vor dem Hause im Freien zu verrichten.

Die Überzahl aller städtischen Handwerke waren mit der Herstellung von Nahrungsmitteln und der Produktion von Kleidung befaßt: Bäcker, Metzger, Schneider, Schuster. Viele Arbeiten, die auf den bäuerlichen Höfen zumeist nebenher erledigt wurden, erfuhren in der Stadt eine spezialisierte, daher qualitativ wie quantitativ bessere Behandlung.

Die Stadt war ein in sich autonomer Wirtschaftsraum, mit der Tendenz zur Selbstversorgung. Es gab deswegen auch eine städtische Landwirtschaft. Die Höfe befanden sich in der Stadt selbst oder in deren unmittelbarer Nähe, das Personal wohnte innerhalb der Mauern, als Ackerbürger.

Die Arbeitszeit der Handwerker war leidlich geordnet. Anders als der von Witterung und Jahresrhythmus abhängige Bauer konnten sie sechs Tage die Woche ihre 12 bis 14 Stunden tätig werden. Der Inhaber einer Werkstatt war zünftiger Meister. Sein Geselle mußte ehelich geboren sein und nach seiner Lehrzeit vor der gesamten Zunft seine Befähigung nachweisen. Als Geselle hatte er sich dann zunächst auf Wanderschaft zu begeben, wodurch ständig eine Zirkulation von Personen und Erfahrungen geschah. Wenn er Glück hatte, gelang ihm schließlich die Zulassung als Meister und der Beitritt zu einer Zunft, beispielsweise durch Einheirat, durch direktes Familienerbe sowieso.

Die Massierung von Personen auf engem Raum, ähnlich dem Dorfe und manchmal noch beengter als dort, bestimmte das soziale Tun. Geburt und Altern, Liebe und Tod wurden nicht anders erfahren als auf den Bauernhöfen. Gefahren bestanden außer durch kriegerische Überfall durch Brände und durch Seuchen. Sie wüteten in den Städten viel schlimmer als im Dorf.

Der mittelalterliche Mensch empfand sich nirgends als Individuum, also auch in den Städten nicht, und der gesellschaftlichen Organisation des beruflichen Lebens entsprach jene bei den Feiern.

Sie waren noch weit vielfältiger als auf dem Lande. Es gab die besonderen, immer recht aufwendigen Feste der Zünfte, es gab den Karneval, es gab die Messen und die Jahrmärkte mit ihren schillernden Vergnügungsangeboten. Die Möglichkeiten zur Zerstreuung waren auch sonst recht vielfältig. Es existierten Wirtshäuser, Badestuben, Tanzdielen, Bordelle. Das Trinken war eine verbreitete Gewohnheit, ebenso das Tanzen und das Spielen, letzteres konnte mit Bällen betrieben werden, mit Würfeln oder, später, mit Karten. Im ausgehenden Mittelalter hatte es die vielfach beklagten Ausmaße einer ausufernden Leidenschaft angenommen.

Wenn ein Bürger im Sterben lag, machte er seinen Frieden mit der Umwelt. Die Angehörigen und das Gesinde nahmen förmlich von ihm Abschied. Weihwasser wurde verspritzt, um böse Geister zu vertreiben, das Fenster wurde geöffnet, daß die Seele ungehindert entweichen konnte. Dem Toten wurden die Augen zugedrückt. Die Sterbeglocke läutete, und eine Totenwache zog auf, Verwandte und Freunde, der Leichenansager lief umher und teilte das Ereignis mit.

Die Bestattung wurde dann durch Angehörige der Zunft vorgenommen. Das Grab befand sich in der Kirche oder auf einem Totenacker, der vor den Stadttoren lag. Zum Abschluß gab es das Totenessen. Wie alle großen Feierlichkeiten mittelalterlicher Städte und Dörfer endete es in einem Gelage. Der Rausch war das übliche. Der Rausch war das Leben.

Reformationszeit, Agrarkrise und die Entstehung der Gutswirtschaft

1419 wurde in Rostock eine Universität gegründet. Schon bald erlangte sie eine ganz außerordentliche Bedeutung und beträchtlichen Ruhm. Gelegentlich ausbrechende innerstädtische Unruhen veranlaßten ihre zeitweise Auslagerung, so im Jahre 1437 nach Greifswald, aber dies konnte ihren Rang nicht nachhaltig beschädigen. Sie wirkte von Beginn an bis tief hinein in den skandinavischen Raum und gilt dort noch heute als eine allererste akademische Adresse.

Auch durch die Existenz und Tätigkeit dieser Hochschule war in Mecklenburg so etwas wie ein eigenes kulturelles Selbstbewußtsein gewachsen. Es stützte sich, unter anderem, auf eine eigene Sprache, das Niederdeutsche. Einst zusammengewachsen aus den Heimatdialekten niedersächsischer und westfälischer Siedler, hatte sie es, vor allem durch den Schriftverkehr der Hanse, zu einer eigenen hochsprachlichen Form und mit »Renke de Vos« zu einem bedeutenden Literaturdenkmal gebracht. 1475 gründete sich, in Rostock, die erste Druckerei der Region. Papiermühlen in Neustadt und Grabow lieferten die Materialien.

Publiziert wurden hier die in jener Zeit populären Volksbücher (zu denen die Geschichte des Likendeelers Klaus Störtebeker gehörte), daneben geistliche Literatur, Nachschlagewerke der Hausmedizin, Patriotisches, wie eine Darstellung der Dithmarscher Schlacht und die Reimchronik des

Ernst von Kirchberg. Es existierte außerdem eine geistliche Poesie in lateinischer Sprache, entstanden beispielsweise im Einflußgebiet des Zisterzienserklosters Doberan.

Durch diese und die übrigen Multiplikationen von Wissen war ein günstiger Boden bereitet für das Auftreten des Humanismus, mit Gelehrten wie Hermann von dem Busch, Johannes Hadus und Nikolaus Marschalk. Ulrich von Hutten, schon ein schwerkranker Mann, ließ sich, von Greifswald kommend, in Rostock nieder und hielt Vorlesungen an der dortigen Universität.

Wissen schafft Nachdenklichkeit und bewirkt Emanzipation. Seit dem Beginn des 15. Jahrhunderts gab es in den mecklenburgischen Hansestädten kleine heimliche Gemeinden von Anhängern des britischen Reformators John Wyclif und des böhmischen Kirchenrebellen Jan Hus. Noch immer freilich verharrte der übergroße Teil des mecklenburgischen Landes in einer tiefen, dem Wunderglauben und exzessivem Reliquienkult völlig ergebenen katholischen Frömmigkeit. Die Ablaßkrämer de Fregno, Kannemann und Arcimboldus durchstreiften die Gegend. Mit Milch- und Butterbriefen konnte sich jeder, der das Geld dazu besaß, selbst von den rigiden Speisevorschriften der Fastenzeit loskaufen. Wie überall sonst in Europa war der Klerus einigermaßen verderbt und verkommen, und zumal die Schweriner Domherren ergingen sich ungeniert in sämtlichen Vergnügungen des Fleisches und der Völlerei.

Das Zentrum der Hussiten Mecklenburgs war die Stadt Rostock. Von hier aus nahm dann auch

Rostock, Radierung von Wenzel-Hollar, 1657

T MERCATVRA ET VNIVERSITATE CELEBRIS.
Swensche Dohr
Auditorium magnum
Collegium Magnum
Kropelinsche strat
Loge dohr
Snickmans dohr
Badstover dohr
N O W
F L U
V I U S
leuen Frawen.
cob.
Hilligen creuts.
en Hoff.
tharina.
rhuß.
7. Hilge geist.
8. Hilgen geistes hoff.
9. Kornhuys.
10. Collegium Aquilæ.
11. Collegium Unicorni.
12. Collegium rubri Leonis
13. Pædagogium.
14. Vicus versus dotem.
15. Communitet.
16. Schole.
17. Water kunst.
18. Kaeck.
19. Hopmarckt.
20. Mohlen dohr.
21. Mohlen Dam.
22. Am Amberge.
23. Hering dohr.
24. Lazarus Pockenhauß.
25. Thule dohr
26. Kofeld dohr
27. Borchwal dohr
28. Wokrend dohr
29. Keyser
30. Vischer dohr
31. Blage thorn.
32. Busebaer.
33. Geetbuß.
34. Bramowsche dohr.
35. Kroplinsche dohr.

die Reformation des Martin Luther ihren norddeutschen Weg. Sie ist vor allem mit der Person des Joachim Slüter verbunden, eines Lehrers an der Rostocker Universität und Kaplans an der dortigen Marienkirche. Er hielt seine Predigten auf niederdeutsch, was ihm, zusammen mit der inhaltlichen Brisanz der von ihm verkündeten Theologie, die Zuhörer gleich in Massen zutrieb.

Seine Existenz muß dem kirchlichen Establishment ein beträchtliches Ärgernis gewesen sein. Die Rede ist von einem mißglückten Attentat auf sein Leben, vermittels Gift. Slüter folgte dann demonstrativ dem Beispiele Luthers, die Ehe einzugehen, was noch mehr Lärm um seinen Namen erzeugte. Immer neue Anhänger liefen ihm zu, heimlich oder offen, und auch von anderen Kanzeln Rostocks wurde bald im Sinne der Wittenberger Reformation gesprochen.

Seit 1524 sind dann in zahlreichen Städten Mecklenburgs protestantische Prediger bezeugt. Häufig handelte es sich bei ihnen um vazierende Mönche. Die Herzöge von Mecklenburg standen der neuen Lehre teils gleichgültig, teils mit heimlicher Sympathie gegenüber. Ihre abschließende Entscheidung hatte dann weniger mit religiösen als mit besitzrechtlichen Argumenten zu tun.

Es bestand die begründete Hoffnung, daß man an dem sehr umfangreichen Latifundialbesitz der Kirche, wenn er erst einmal säkularisiert war, sich reichlich werde bedienen können. 1549, ein Jahr nach dem Augsburger Religionsfrieden, wurde durch den regierenden mecklenburgischen Herzog Johann Albrecht I. in Sternberg der Landtag einberufen, der in seinem Ergebnis das Luthertum zur mecklenburgischen Landeskonfession bestimmte, und den Kaiser beschied man so: »Was meint Ihr, sollen wir tun? Der Größere ist Gott. Verzeih' o Kaiser, Du drohst mit Kerker, Gott droht mit der Hölle.«

Wie sah die Hölle denn aus? Sie hatte die höchst irdische Gestalt von Pfandbriefen und Schuldverschreibungen. Nun wurden die Kirchengüter aufgelassen und dem herzoglichen Eigentum zugeschlagen. Zuvor hatten im Land 20 Klöster bestanden, deren Grundbesitz insgesamt ein Viertel allen mecklenburgischen Territoriums ausmachte. Viele alte Adelsfamilien der Region erhoben freilich jetzt ihrerseits Ansprüche auf den säkularisierten Klosterbesitz. Dies geschah durchaus begründet, denn die meisten der Abteien waren irgendwann durch einen ihrer Vorfahren gestiftet und für Zwecke des materiellen Unterhalts auch reichlich mit Böden ausgestattet worden.

In Vorpommern war die Reformation schon viel früher eingeführt worden, 1534, durch Philipp I. von Wolgast. Bereits fünf Jahre später brach der Rügener Kleinadlige Georg Normann, ein Empfehlungsschreiben Luthers und Melanchthons in der Tasche, nach Schweden auf, an den Hof Gustav Wasas, wo er bald zu nachdrücklichem religionspolitischem Einfluß gelangte. Eine wichtige Figur der Reformation in Norddeutschland, Johannes Bugenhagen, hatte in Greifswald studiert, damals ein Zentrum des Humanismus ähnlich der Alma mater in Rostock. Bugenhagen nannte sich Pomeranus, und er war Verfasser einer ersten Geschichte des Landes Pommern. Später hat er in Wittenberg Luthers Trauung vollzogen. Er hielt dann auch Luthers Leichenpredigt.

Herzog Johann Albrecht von Mecklenburg, der das Sternberger Glaubensbekenntnis initiierte, war ein Mann des prunkvollen Lebens. Er gab mit vollen Händen, zuweilen sogar für vernünftige Dinge, wie die Domschule in Güstrow, die Fürstenschule in Schwerin und die Lateinschule in Parchim, die er allesamt gegründet hat. Die Landesuniversität Rostock verdankte seiner Förderung eine Riege vorzüglicher Lehrer. Er engagierte die Brüder Parr für einen Erweiterungsbau des Schweriner Schlosses und ließ durch sie den Fürstenhof zu Wismar errichten, eine der bedeutenden Renaissance-Architekturen im Lande. Er beschäftigte als Hofmaler Erhard Haubrey, einen Schüler von Lukas Cranach. Er korrespondierte mit den Medici in Florenz.

Mit seinem Bruder Ulrich focht er zahllose Händel aus, bis es zu einer für beide Seiten akzeptablen Güterteilung kam. Als Johann Albrecht starb, übernahm Ulrich für seinen unmündigen Neffen die Regentschaft.

Er versuchte die enormen Schulden des Hofes durch strikte Sparsamkeit etwas zu verringern, was ihn nicht hinderte, den Bau des prächtigen Renaissanceschlosses in Güstrow zu betreiben. Er trat, als es schließlich so weit war, die Herrschaft an seinen Neffen Johann ab und zog sich nach Güstrow zurück, wo er einige bedeutende Köpfe der Kunst und der Wissenschaft um sich versammelte. Er wurde sehr alt. Er starb im Jahre 1603.

Johann Albrecht hatte in seinem Testament erstmals die Primogenitur empfohlen, also das ungeteilte Erbrecht der maskulinen Erstgeburt. Bis dahin hatte in Mecklenburg jene allgemeine Erbfolge gegolten, die sämtliche männlichen Nachkommen mit gleichen Ansprüchen ausstattete und tendenziell auf eine ständige Teilung hinlief. Wenn sich derlei letzthin in Grenzen gehalten hatte, so war dies vornehmlich den gnädigen Zufällen der Biologie zu danken gewesen: Prätendenten starben vor der Zeit und schieden bei der Erbfolge aus. Manchmal, seltener, gab es auch die weise Einsicht des einen und anderen Betroffenen, der sein Erbe einfach ausschlug, weil er irgendwelchen anderen Interessen zuneigte.

Ein Zug zur Konzentration der politischen Macht geschah jetzt allüberall in Deutschland. Er entsprach den vielfältigen sozialen und wirtschaftlichen Umschichtungen, die das Jahrhundert brachte. Das Aufkommen der Luther-Reformation bot dafür nur eine Äußerung unter mehreren. Vorausgegangen waren demoskopische und wirtschaftliche Verwerfungen bedeutender Art.

Sie begannen mit einer allgemeinen Krise der Landwirtschaft. Überall in Deutschland ging die Bevölkerung seit dem ausgehenden 14. Jahrhundert zurück, vor allem als Folge der Seuchenzüge, die ungefähr jedes vierte Jahr wüteten. Städte waren davon vor allem betroffen. Die Nachfrage nach landwirtschaftlichen Produkten nahm entsprechend ab, und die Preise verfielen.

Die Bevölkerungsdefizite der Städte glichen sich durch Zuwanderungen vom Lande wieder aus. Das Ergebnis war eine weitgehende Entvölkerung vieler agrarischer Regionen. Wüstungen entstanden: aufgelassene Dörfer, deren Felder versteppten und die schließlich der Wald verschlang.

Mit dem 16. Jahrhundert nahm die Bevölkerungszahl in Deutschland wieder zu, um dann förmlich zu explodieren, und entsprechend stieg die Nachfrage nach bäuerlichen Produkten. Für die Landaristokratie Ostelbiens war es angezeigt, manche der entstandenen Wüstungen erneut unter den Pflug zu nehmen. Die überkommene Dreifelderwirtschaft wurde vielfach abgelöst durch eine modernere Fruchtfolge. Regelmäßigere Düngung erfolgte, auch dadurch stieg der Ertrag. Manchmal geschah eine Spezialisierung auf besondere pflanzliche Produkte, Gemüse etwa, freilich vorwiegend im Umkreis der Städte, auf deren Märkten für solche Waren Nachfrage bestand.

In den ostelbischen Gebieten setzte sich zugleich mit dieser agrarischen Konjunktur und durch sie gestützt das Prinzip der Gutsherrschaft durch. Eigentlich handelte es sich dabei um eine natürliche Fortsetzung der durch die Ostkolonisation des Hochmittelalters vorgegebenen Zustände. Die hatten freilich jetzt die Erschütterungen und den Verfall des vergangenen Jahrhunderts hinter sich und waren dadurch deformiert.

Die neue Intensivierung der Landwirtschaft betraf die alten, die vorgegebenen Flächen. Die frühere gesellschaftliche Ordnung war weitgehend dahin. Die Bewohner der mecklenburgischen Dörfer hatten infolge der soeben überstandenen sozialen Erosionen die genossenschaftlichen Rechte des Hochmittelalters nicht mehr. Sie wurden jetzt, durch Schollenbindung und Leibherrschaft, in eine besonders drastische Abhängigkeit gezwungen, die auf ihre fast völlige Verfügbarkeit durch den Grundherrn hinauslief.

Formen der Auflehnung und des Protestes gegen solche Strukturen gab es in Pommern und Mecklenburg nicht. Der Bauernkrieg war eine Angelegenheit Mittel- und Oberdeutschlands, den Norden ließ er aus. Dort erfolgten höchstens die gelegentlichen Aufstände in den Städten, aber die hatte es auch vorher schon gegeben. Sie waren mit den Konflikten der Landarmut nicht ursächlich verknüpft.

Zudem verfiel jetzt erkennbar die Macht der Hanse. Die Seestädte bekamen es schmerzlich zu spüren. Andere, nationale Handelscompagnien dominierten die zivile Schiffahrt, britische, niederländische, der restliche Fernhandel wurde zu einem Monopol der großen oberdeutschen Städte wie Augsburg, Nürnberg und Regensburg.

Die neue Konjunktur der Agrarwirtschaft führte in Deutschland zu einer wirtschaftlichen Stärkung des Landadels, ganz allgemein, und in Ostelbien besonders. Die Bedeutung dieser Landschaft bestand jetzt nurmehr in der Produktion und Anlieferung von Getreide. Das bestimmte ihr soziales und ökonomisches Profil, die wirtschaftliche Monokultur erbrachte eine soziale, und dabei würde es die nächsten Jahrhunderte bleiben.

Mit Mecklenburg-Schwerin und Mecklenburg-Güstrow in den Dreißigjährigen Krieg

Die Brüder Adolf Friedrich I. und Hans Albrecht II. wurden 1608 durch den Kaiser für volljährig erklärt und traten das Erbe ihres Vaters an. Dessen testamentarische Empfehlung hinsichtlich einer Primogenitur schlugen sie aus. Sie entschlossen sich vielmehr zu einer gemeinsamen Herrschaft, und prompt ging es nicht gut.

Sie fochten allerlei Händel aus, danach erfolgte eine Teilung des Landes. Mit dem 3. März 1621 wurde alles Mecklenburg in die beiden Herzogtümer Schwerin und Güstrow geschieden. Weitere Teilungen, dies war eigens festgelegt, sollten nun nicht mehr geschehen.

Inzwischen gab es jenen großen Krieg, der am Ende 30 Jahre dauern sollte. Er war, je nach Sehweise oder Periodisierung, ein Kampf zwischen Protestantismus und katholischer Zentralherrschaft, zwischen Deutschland und Frankreich, zwischen Habsburg und Schweden, zwischen Spanien und den Niederlanden. Es ging um den Besitz Böhmens und um die Erbfolge in Jülich-Kleve. Es ging um eine größere Selbständigkeit der Reichsstände. Die Sache spielte sich überwiegend auf deutschem Boden ab und führte am Ende zu Verwüstungen von grauenvollstem Ausmaß.

Die beiden mecklenburgischen Herzöge waren vom Schauplatz des Geschehens zunächst weit entfernt. Wegen ihrer Konfession sannen sie auf einen möglichst dauerhaften Abstand zur katholischen Zentrale in Wien. 1618 hatte ihr Land eine formelle Neutralität beschlossen, und ein paar Jahre lang funktionierte sie.

Dann huben die Kämpfe an zwischen Christian von Dänemark und Ligisten-General Tilly, und der Kriegsschauplatz verlagerte sich zunehmend nach Norddeutschland. Mecklenburg beschloß jetzt die Aufrüstung. Dem Kaiser mißfiel das. Er beschuldigte das Land, seine Neutralität zu verletzen.

Schwedenkönig Gustav Adolf erschien auf der Szene. Die mecklenburgischen Herzöge sympathisierten mit ihm, schon seit längerem. Der Kaiser stellte ein Ultimatum. Es wurde nicht beachtet. Die ihrerseits miteinander rivalisierenden kaiserlichen Generäle Tilly und Wallenstein rückten in Mecklenburg ein, der Kaiser setzte die beiden Herzöge wegen Hochverrats ab und gab ganz Mecklenburg an Wallenstein zu Lehen.

»Es war mit ungefähr 300000 Bewohnern ein volkreiches Land, in das Wallenstein im Juli 1628 Einzug hielt; ungleich geräumiger als die friedländische Heimat«, so Wallenstein-Biograph Golo Mann. »Das Gebiet, trotz der vielbuchtigen Küste im Norden, hatte etwas Binnenländisches, Abgelegenes, ohne rechte Verbindung mit den schiffbaren Strömen in West und Ost. Fruchtbares Ackerland, Weiden mit schwarz-weiß geflecktem Vieh begannen gleich hinter den Dünen und Fischerdörfern, Wälder zogen sich hin, beschatteten die sich ineinanderschlingenden Seen.«

Wallenstein hatte zuvor einen vergeblichen

Versuch unternommen, das von seinen Truppen eingeschlossene Stralsund zu erobern. Diese Niederlage wird gemeinhin gepriesen als ein erfolgreicher Widerstand der Reformation, angeführt vom Bürgermeister Lambert Steinwich. Sie hatte aber auch mit einer Politik der Mäßigung zu tun, wie sie Wallenstein jetzt mehr und mehr und nicht bloß gegenüber den Seestädten verfolgte.

Er erkor Güstrow zu seiner norddeutschen Residenz. Die geistlichen Stifte im Land wurden eingezogen. Die Verfassung blieb formell in Kraft und war praktisch außer Kraft gesetzt. Widerstand gegen den neuen Herrscher war sinnlos und wurde nicht probiert.

Wallenstein berief ein Kabinett aus vier Räten, von denen keiner aus Mecklenburg stammte. Er bewirkte die Trennung von Justiz und Verwaltung. Er schuf ein verläßliches schnelles Post- und Nachrichtenwesen durch Boten. Jedes Kirchspiel war beauflagt, ein Armenhaus einzurichten. Die Universität Rostock erhielt reichlich finanzielle Unterstützung. Im böhmischen Gitschin entstand eine jesuitische Ritterakademie, die von den Söhnen des mecklenburgischen Adels zu besuchen war.

Die lutherische Landeskirche blieb unbehelligt, bis auf die Schloßkapellen von Schwerin und Güstrow, wo katholische Gottesdienste stattfanden. Ruhe und Sicherheit breiteten sich aus. Die Wirtschaft erhielt neue Impulse, der Handel blühte auf. Die beiden mecklenburgischen Herzöge waren längst außer Landes geflohen.

»Er richtete sich ein«, so Golo Mann, »wie er es

Albrecht von Wallenstein, Gemälde.

gewohnt war, großartig und auf Dauer; wie er es gewohnt war, mußte alles ›in furia‹ geschehen. Küchengärten für die Salate und leichten Gemüse, die der Arzt ihm verschrieb; eine Fasanerie, Aussetzung eines Kopfgeldes für das Töten von Tieren, die den Fasanen gefährlich wären; Beschaffung von Hühnern, Tauben, Indianen für die fürstliche Tafel; Eisgruben, um das Bier zu kühlen, die Nahrung frisch und appetitlich zu halten… Für den Mathematikus, den Astrologen, entstand eilends ein Turm und Observatorium.«

Ungewohntes Raffinement nistete sich ein in diesem bis dahin so rückständigen und verschlafenen Land. Es wurde eine glückliche Zeit, sicher die glücklichste des Krieges, womöglich des gesamten Jahrhunderts.

Sie dauerte insgesamt drei Jahre. Wallenstein selbst blieb nur ein Jahr. Seine durch Mecklenburg arrondierte Machtfülle führte dazu, daß er auf dem Regensburger Kurfürstentag sein Amt als kaiserlicher Feldherr verlor. Er zog sich auf seine böhmischen Güter zurück. Es wurde der Anfang vom Ende seines Untergangs.

1630 landete Gustav Adolf mit seinen Truppen auf der Insel Usedom. Die geflohenen Herzöge eilten ihm entgegen und kehrten gemeinsam mit ihm nach Mecklenburg zurück. Das Gebiet wurde von den Kaiserlichen geräumt. Die Brüder nahmen sich der Zustände im Inneren wieder an.

Sie machten sämtliche Neuerungen Wallensteins rückgängig. Sie rächten sich gnadenlos an jenen Adligen, die mit dem kaiserlichen Feldherrn kollaboriert hatten. Selbst der von Wallenstein errichtete Flügel des Güstrower Schlosses wurde wieder eingerissen. Mecklenburg sollte zurückgestoßen werden in seine alte Rückständigkeit, und genau das gelang.

Gustav Adolf fiel 1632. Sein Nachfolger als Kriegsherr, Oxenstierna, erlitt 1634 eine schwere Niederlage. Da entschlossen sich die herzoglichen Brüder in Mecklenburg zu einem Ausgleich mit dem Kaiser und ließen sich von ihm als Herzöge formell wieder einsetzen. Ihr Opportunismus hatte böse Folgen. Wie von selbst zogen sie sich dadurch die Feindschaft Schwedens zu, das immer noch mächtig war und dessen Truppen in der Folge das Land schwer verwüsteten.

In Pommern starb der letzte Greifenherzog Bogislaw XIV. Gustav Adolf hatte in ihm bloß einen Biertrinker gesehen, Golo Mann nennt ihn einen Schwachkopf. Brandenburg pochte jetzt auf seine verbrieften Erbrechte, konnte sie freilich nicht durchsetzen, jedenfalls in Vorpommern nicht. Seit 1630 unter ständiger schwedischer Besatzung, sollte das Land auch nach dem Westfälischen Frieden von 1648 dem skandinavischen Königreich unterstehen.

Mecklenburg war zuletzt zu einem ständigen Durchzugsgebiet sämtlicher am Krieg beteiligten Parteien geworden. Es verkam, verarmte, verödete, von den einst 300000 Bewohnern des Landes lebte zuletzt weniger als ein Viertel. Die Stadt Laage hatte 1640 bloß noch 16 Einwohner. Manche Dörfer und Gehöfte waren völlig verschwunden.

»In Mecklenburg ist nichts als Sand und Luft,

alles bis auf den Erdboden verheert; Dörfer und Felder sind mit krepiertem Vieh besät, die Häuser voller toter Menschen, der Jammer ist nicht zu beschreiben.« Notierte Banér, ein schwedischer General.

»Durch das betrübte langwierige Kriegswesen und darauf erfolgte pestilenzische Seuchen und Krankheit, Hunger und Kummer sind unsre Fürstentümer und Lande an Menschen und Vieh elendiglich und dermaßen verrodet und verwüstet, daß auf etlichen adligen Höfen fast kein lebendiger Mensch übrig geblieben.« Notierte Adolf Friedrich, der Herzog. Er wußte auch noch, »daß diejenigen, die übrig geblieben, nicht allein Mäuse, Katzen, Hunde und ganz unnatürliche Sachen zur Stillung des Hungers genießen, sondern auch an verschiedenen Orten die Eltern ihre Kinder gefressen und ein Mensch für den andern nicht sicher ist...«

Im Frieden zu Münster und Osnabrück wurden auch Teile Mecklenburgs schwedischer Besitz, nämlich die Insel Poel und die Stadt Wismar. »Der Krieg der dreißig Jahre«, sagt Golo Mann, »war ein Mißverständnis gewesen, jederzeit aufzulösen, wenn man nur über geringe Differenzen in der Auslegung des Rechtes sich zu einigen bereit gewesen wäre.«

Herzog Adolf Friedrich, in seine alte Macht endgültig zurückgekehrt, verordnete für das gesamte Land Mitte Oktober 1648 einen Dankgottesdienst.

Druck aus Norden: Schweden in Vorpommern; Entwicklung der Gutswirtschaft

Die schwedische Herrschaft in Vorpommern sollte fast zwei Jahrhunderte währen. Sie war nicht unumstritten, sie wurde auch immer wieder angefochten, im Inneren wie im Äußeren, aber sie gehörte zu den unerschütterlichen Besitzständen des *Ancien régime* in Europa, bis sie mit ihm zusammen zerfiel, im Zusammenhang der Französischen Revolution und der napoleonischen Kriege.

Die enge Verbindung zwischen der vorpommerschen Ostseeküste, zumal Rügen, und Schweden war lange vor dem Dreißigjährigen Krieg realisiert worden durch die Gemeinsamkeiten der Hanse, durch die gelegentlichen schwedischen Thronansprüche niederdeutscher Aristokraten und durch die Tätigkeit deutscher Beamter und Kaufleute in Schweden. Der Dreißigjährige Krieg war jene Zeit, da Schweden sich endlich zu einem zentral regierten und straff geführten Staatswesen geordnet hatte. Mit König Gustav Adolf entsandte es die neben Wallenstein andere charismatische politische Figur in das zentraleuropäische Geschehen, und neben Frankreich war Schweden im Ergebnis dieses Krieges der einzige Gewinner.

Seit dem Hochmittelalter war Schweden (wie auch Norwegen) angewiesen auf Getreideimport. Hierin läßt sich ein Hauptgrund erkennen für die enge Anbindung der beiden skandinavischen Länder an die Hanse. Der natürliche Ausfuhrhafen nach Schweden hieß Stralsund. Das gegebene Anbaugebiet des Getreides für Schweden war Vorpommern. Mit den durch den Dreißigjährigen Krieg ermöglichten Landgewinnen am Südrand der Ostsee hatten sich die Könige in Stockholm ein aus ihrer Optik natürliches Einflußgebiet gesichert.

Die Verbindung ging über den Warenumschlag weit hinaus. Das vorpommersche Greifswald besaß die älteste schwedische Universität. Eine Vielzahl von schwedischen Künstlern, Verwaltungsleuten und Feldherren war deutschen Geblüts und stammte ursprünglich aus Vorpommern: die Militärs Sinclair und Rehnskjöld, die Baumeisterfamilie Tessin, die Naturwissenschaftler Wilke und Scheele, die Kaufleute Beskow und Kempe. Es gab eine stetige Einwanderungsbewegung aus Vorpommern nach Schweden, und Stockholms Armeen griffen begierig zurück auf vorpommersche Soldaten, die sie schätzten wegen ihrer Tapferkeit und die ihrerseits unter dem Kommando Stockholms gerne dienten wegen der guten Aufstiegsmöglichkeiten.

Insgesamt verlief die zweihundertjährige Zugehörigkeit Vorpommerns zu Schweden bemerkenswert konfliktarm.

Schweden war ständig durch einen Generalgouverneur vertreten, der gewöhnlich in Stralsund residierte, im Regierungspalais an der Badenstraße. Sonst hielt sich die schwedische Präsenz erkennbar in Grenzen. Es gab hin und wieder ein paar skandinavische Aristokraten im Land, und ein paar schwedische Professoren unterrichteten an der Greifswalder Universität. Die Versetzung eines schwedisches Staatsbeamten nach Vorpommern galt übrigens als Strafe.

Mit Wismar, Stettin, Stralsund und Wolgast kontrollierte Schweden die westliche Ostsee. Die Orte wurden zu Brückenköpfen und Ausgangspunkten schwedischer Aktivitäten im übrigen Mittel- und Osteuropa. Umgekehrt sollte Vorpommern in alle Konflikte einbezogen werden, die Schweden infolge seiner europäischen Aktivitäten noch erlebte.

Zum Beispiel durch jenen Krieg, der 1675 zwischen Schweden und Brandenburg ausgetragen wurde und dessen beherrschende Figur auf deutscher Seite Friedrich Wilhelm war. Der später so genannte Große Kurfürst hatte sich mit dem im Westfälischen Frieden verfügten Verzicht Brandenburgs auf Vorpommern niemals abgefunden. Auch sonst auf eine ständige Vergrößerung seines Herrschaftsgebietes bedacht, suchte er über Stralsund und Stettin einen direkteren brandenburgischen Zugang zum Meer.

1675 stand er mit seinem Heer im Rheinland. Er war aktive Partei im Krieg zwischen den Niederlanden und Frankreich. Das mit Ludwig XIV. verbündete Schweden fiel in Brandenburg ein. Friedrich Wilhelm mußte umkehren, er marschierte heim, vom Rhein zum Rhin, und schlug die Schweden in der Schlacht bei Fehrbellin. Er verbündete sich mit Dänemark, und derart gelang ihm die militärische Eroberung von ganz Vorpommern.

Das ließ sich freilich nicht halten. Im Frieden

von Saint-Germain-en-Laye mußte Brandenburg Vorpommern an Schweden zurückgeben, ausgenommen ein paar Gebiete östlich der Oder und eine brandenburgische Teilhabe an den bisher von Schweden allein erhobenen pommerschen Hafenzöllen.

In Vorpommern erregte die Rückkehr zu den früheren Zuständen keinerlei Groll. »Im allgemeinen hatte Schweden für Vorpommern eine größere Bedeutung als umgekehrt«, heißt es in einem geschichtlichen Überblick. Die Profiteure der Situation saßen in der Oberschicht, das war der Landadel. Häufig hervorgegangen aus Offizieren, die im Dreißigjährigen Krieg auf schwedischer Seite gekämpft hatten und derart eine Entlohnung erfuhren, erhielten sie ihre Latifundien aus mehreren ehemals selbständigen Dörfern neu zusammengestellt.

In Mecklenburg geschah etwas Ähnliches. Auch hier wurde der im Kriege verwaiste Boden neu verteilt. Auch hier kam es zu einem verbreiteten Bauernlegen zugunsten der Gutsherren, und auch hier wurde das Landvolk immer noch mehr entrechtet.

Es war die direkte Fortschreibung der alten Gutsherrschaft. Bäuerliche Schollenbindung, Erbuntertänigkeit und Leibeigenschaft sind als Inhalte eines mecklenburgischen Gesetzes aus dem Jahre 1654 ausdrücklich festgelegt. Die einzige kodifizierte Verpflichtung des Gutsherrn bestand in der Fürsorge bei Fällen von Krankheit und Alter, und das war es dann. Mit alledem sollte einer möglichen Tendenz zur Landflucht begegnet werden, während der ökonomische Hintergrund eine wiederum neue Bewirtschaftungsform war, die holsteinische Koppelwirtschaft, die in Mecklenburg Schlagwirtschaft hieß.

Sie lief auf Intensität und Ertragssteigerung hinaus. Der Fruchtwechsel auf den einzelnen Schlägen gestaltete sich in dieser Abfolge: Brache; Sommergetreide; Brache mit Stalldung gemistet; Wintergetreide; Sommergetreide oder Erbsen; Weide. Derlei ließ sich erfolgreich nur auf sehr großen und zusammenhängenden Flächen praktizieren, weswegen die freien Bauernstellen immer wieder weichen mußten. Die Grundherren waren Ritter, niedere Adlige, wegen der völlig veränderten Kriegstechnik längst um ihre militärische Funktion gebracht und in die Landwirtschaft ausgewichen.

Wie auch in Vorpommern wurden ganze Dörfer gelegt und den Gutsherrschaften zugeschlagen. Eingangs des 17. Jahrhunderts existierten in Mecklenburg noch 12000 Bauernstellen, aus denen 1729 bloß 6235 und weitere 75 Jahre später nurmehr 1953 geworden waren. Zwischen 1755 und 1782 verschwanden ein halbes hundert mecklenburgische Dörfer, für immer.

Diese rücksichtslose Pauperisierung des Landvolks zugunsten einer außerordentlich anwachsenden ökonomischen Macht des Landadels war eine mecklenburgisch-vorpommersche Besonderheit, und zumal in Mecklenburg wurde sie bloß möglich infolge einer bemerkenswerten politischen Ohnmacht der Herzöge.

Anderswo auch in Deutschland setzte sich der

Absolutismus nach französischem Vorbild durch. Er bedeutete eine Bündelung der exekutiven Gewalt und eine weitgehende Entmachtung des Kleinadels. Mecklenburg erlebte dergleichen nicht. Das Land behielt seine Ständeverfassung, die ein direktes spätmittelalterliches Erbteil war und bis zum 18. Jahrhundert immer wieder auf den jeweils aktuellen Stand gebracht wurde. Ihr zufolge behielt die soziale Oberschicht, voran der Landadel, entscheidende innenpolitische Mitsprache- und Beschwerderechte. Die Macht der Herzöge wurde dadurch beträchtlich eingeschränkt.

Über das Land senkte sich wie Nebel eine Stimmung von Stagnation und Lethargie. Mecklenburg war als Armenhaus aus dem Dreißigjährigen Kriege hervorgegangen, und dabei sollte es bleiben. Johann Heinrich Voß, aus Mecklenburg gebürtiger Dichter des 18. Jahrhunderts und aus eigenem bitteren Erleben mit dem dortigen Dorfleben vertraut, schrieb diese Verse:

Was? Noch Treue verlangt der unbarmherzige Fronherr,
Der mit Diensten des Rechts (sei Gott es geklagt) und der Willkür
Uns wie die Pferde abquält und kaum wie die Pferde beköstigt?

Es war: die Treue wurde geleistet, und die schäbige Behandlung dauerte fort.

Karl Leopold, Peter der Große, eine tatsächliche Bauernrevolte und der Erbvergleich von 1755

Adolf Friedrich war jener Schweriner Herzog, der Mecklenburg aus dem Dreißigjährigen Krieg herausgeführt hatte, ein unglückseliger Schwächling, begabt mit einem außerordentlichen Hang zu falschen Entscheidungen. Er starb 1658. Er vererbte die Herrschaft an Christian Ludwig I., seinen Sohn, der seinen Vater an Unfähigkeit noch übertraf.

Im Krieg des Schwedenkönigs Karl X. gegen die Polen marschierten, wie schon einmal, fremde Truppen durch sein Land und plünderten es aus. Christian zog es vor, nach Paris zu gehen und Höfling beim Sonnenkönig zu sein. Er gab Geld mit vollen Händen aus, verschuldete sich rettungslos, heiratete eine Prinzessin von Châtillon und trat zum Katholizismus über. Nach einem kurzen Zwischenspiel in der Residenz Schwerin, wo er katholische Gottesdienste veranstalten ließ, ging er erneut nach Paris, und in der Folge riß er sein Land in den Konflikt zwischen Frankreich und Brandenburg. Wieder standen fremde Truppen in Mecklenburg, wieder plünderten sie es aus. Christian führte noch allerlei aufwendige Prozesse, unter anderem einen gegen den deutschen Kaiser, und starb dann 1692, in Den Haag.

1695 verwaiste die Güstrower Herzogslinie. Auch Christian Ludwig war ohne direkten männlichen Erben geblieben. Es folgte ein mehrjähriger dynastischer Streit, der erst 1701 beendet wurde, im Hamburger Vergleich. Seither galt die lineare Primogenitur für alles Mecklenburg, also die direkte und ausschließliche Erbfolge der männlichen Erstgeburt, und es wurde eine neuerliche und letztmalige Teilung vorgenommen. Außer Mecklenburg-Schwerin, das in seiner Landmasse beträchtlich anwuchs, sollte es noch das Herzogtum Mecklenburg-Strelitz geben. Letzteres, so winzig es war, hatte durch seinen Herrscher Sitz und Stimme auf den Reichstagen.

Es bestand lediglich aus der Herrschaft Stargard und dem Fürstentum Ratzeburg. Der erste Herzog in Strelitz, Adolf Friedrich II., erscheint als einigermaßen fürsorgliche Natur. Er führte den Tabak- und Hopfenanbau ein und förderte allerlei Manufakturen. Er regierte sieben Jahre. Nachfolger Adolf Friedrich III. begründete dann die Residenz Neustrelitz und errichtete dort ein Schloß.

Sein gleichzeitig in Schwerin regierender Vetter Karl Leopold gilt hingegen als ein ausgemachtes Scheusal, ehrgeizig, blutrünstig und unberechenbar. Das war er wohl wirklich, aber ein Mann wie Zar Peter der Große war das alles auch, und wie würde die Geschichte heute über Fridericus Rex urteilen, wenn Preußen den Siebenjährigen Krieg verloren hätte, also ohne Schlesien geblieben und ein von den wahnsinnigen militärischen Unternehmungen seines Königs völlig ruinierter Mittelstaat geworden wäre? Karl Leopold unterscheidet sich von den beiden genannten Persönlichkeiten nicht durch den schlechteren Charakter, sondern durch den fehlenden Erfolg.

Die Nennung des Romanow und des Zollern erfolgte hier, da Karl Leopold beider Zeitgenosse war und sich mit Zar Peter überdies verwandtschaftlich verband durch seine eigene Heirat. Er hatte eine russische Prinzessin zur Frau. Zar Peter könnte sein Vorbild gewesen sein, außer Karl XII. von Schweden, dem er sich überaus freundschaftlich verbunden fühlte. Den Zaren aber hat er später einmal zu Hilfe gerufen, und der Russenherrscher erschien sogar in Schwerin, zusammen mit 50000 Soldaten, deren Versorgung gleich viele Probleme aufwarf. Mecklenburg war nicht Rußland, und Schwerin lag nicht am Ladogasee. Karl Leopolds Scheitern hat unter anderem mit dem vergleichsweisen Zwergenmaß der von ihm regierten Landschaft zu tun.

Dabei wollte er Mecklenburg bloß auf die Höhe der Zeit bringen. Er wollte den Absolutismus einführen. Wie ein Jahrhundert zuvor schon einmal, in Wallensteins Güstrow, sollten wieder Zentralismus, straffe Verwaltung und wirtschaftliche Modernität stattfinden. Karl Leopold erkannte, was die Haupthindernisse waren: die reaktionäre Macht der Stände, die Stärke des Landadels, die Leibeigenschaft der Bauern. Dies alles wollte er abschaffen.

Die Absicht war kaum erkennbar, als die Stände ihren Widerstand organisierten. Sie ersuchten den Kaiser um Unterstützung, und die wurde ihnen gewährt. Karl Leopold mobilisierte seine Untertanen.

Etwas für Mecklenburg Unerhörtes geschah: Das Landvolk nahm die Verheißung seines Herzogs ernst. Es brachte aus seinen Reihen ein Heer zusammen, das ausmarschierte und sogar die Stadt Güstrow eroberte. Es war das erste und einzige Mal in der Geschichte Mecklenburgs, daß es so etwas wie eine entschlossene Bauernrevolte gab. Nur geschah sie zur Unzeit, und schon deswegen mußte sie scheitern.

Der Kaiser hatte hannoversche Truppen ins Land geschickt, die jetzt alles niederwarfen. Karl Leopold zog sich zurück und würgte an seinen Niederlagen. Es heißt, er ließ Leute foltern, und wer ein Objekt seines Mißtrauen wurde, verlor seinen Kopf. Im wieder einmal ziemlich verwüsteten Land herrschte derweil das Chaos. Räuberbanden tummelten sich, und der davongekommene Landadel gebärdete sich dreister als zuvor.

Christian Ludwig, Karl Leopolds jüngerer Bruder, war schon 1728 zum kaiserlichen Administrator des Landes ernannt worden und übernahm 1747, nach Karl Leopolds Tod, die Regierung. Er erreichte einen Ausgleich mit den Ständen, der nach Lage der Dinge nichts sein konnte als eine Bestätigung von deren politischem Sieg.

Der sogenannte Landesgrundgesetzliche Erbvergleich kam 1755 zustande. Er bedeutete die fortan gültige Verfassung für alles Mecklenburg. Er war ein Monument von atemberaubender Rückständigkeit, denn er verurteilte das Land zu anhaltendem politischen Elend.

Die Leibeigenschaft wurde ausdrücklich bestätigt, ebenso das Recht zum Bauernlegen. Der Besitz eines Rittergutes brachte im Landtag Sitz und Stimme. Die Landtage sollten abwechselnd in

Malchin und in Sternberg stattfinden. Politische Parteien gab es in ihnen nicht. Alle Steuergesetzgebung mußte durch sie gebilligt werden, mit dem Resultat, daß mehr als die Hälfte aller mecklenburgischen Rittergüter steuerfrei blieben.

Der Landtag mußte seine Zustimmung zu den Landesgesetzen geben und hatte ein Mitspracherecht in Kirchendingen. Die Geschäftsführung oblag einem Engeren Ausschuß. Der Landtag wurde durch einen herzoglichen Kommissar eröffnet und fand in der Regel einmal im Jahr statt. Die Herzöge nahmen an den Tagungen nicht teil.

Der Landbesitz in Mecklenburg war wie folgt aufgeteilt: fürstlicher Besitz 4/9 des Staatsgebietes, ritterschaftlicher Besitz (also jener der Gutsherren) 4/9 und Städte 1/9. Den Gutsherren oblag auch die höhere Gerichtsbarkeit. Neben den Landtagen gab es noch andere ständische Gremien von geringerem Einfluß, Konvokationstage, Deputationstage, Landeskonvente.

»Wir verkünden und versprechen hiermit gleich anfangs Unserer gesamten Ritter- und Landschaft vollkommene Sicherheit und Erhaltung bei ihren Rechten, Gerechtigkeiten, Freiheiten, Vorzügen, Gebräuchen und Gewohnheiten«, erklärte Herzog Christian Ludwig im zweiten Paragraphen des Erbvergleichs. Er fertigte damit eine Sterbeurkunde aus.

Druck aus Süden, das erste Badehaus und die »Franzosentid«

Mecklenburg und Brandenburg waren beide einst auf germanisiertem Wendengebiet entstanden, und noch bis zum späten Mittelalter konnte, im Vergleich, Mecklenburg für sich den politischen Vorrang beanspruchen: Es besaß fette und fruchtbare Böden, während Brandenburg nur die dröge Streusandbüchse war, außerdem verfügte es mit Wismar und Rostock über zwei prosperierende Hafenstädte im Verbund der Hanse.

Spätestens nach dem Westfälischen Frieden sollte sich dies alles ändern. Mecklenburg blieb gelähmt durch die unentwegten Zwistigkeiten seiner zumeist unfähigen Herrscher, und mit seiner Ständeverfassung begrub es alle seine Zukunft. Brandenburg hingegen expandierte in fast alle Himmelsrichtungen. Es erhielt mit dem einstigen Ordensland Preußen sowie Hinterpommern gewaltige Besitzungen im Ostseeraum, es legte sich mit Kleve und Mark beachtliche Territorien im Westelbischen zu. Zwei durchsetzungsstarke Herrscher, der Große Kurfürst und der Soldatenkönig, steckten den machtpolitischen Rahmen ab für eine künftige brandenburgisch-preußische Größe. Friedrich II. würde ihn ausfüllen.

Als Kronprinz hatte er sich gelegentlich in Mirow und Neustrelitz aufgehalten, am Hofe des dortigen Herzogs. Sein Benehmen war artig gewesen, der Ort schien ihm zu behagen, aber die Briefe, die er dann darüber an seinen Vater schrieb, äußern bloß Hohn und Verachtung. Als er preußischer König geworden war, verwandelte er sich augenblicklich von einem ironischen Feingeist in einen rücksichtslosen Militaristen.

Er führte drei Kriege um den Besitz der österreichischen Provinz Schlesien und um die internationale Anerkennung Preußens als Großmacht. Vom ersten dieser Kriege wurde Mecklenburg nicht unmittelbar betroffen. Es vagabundierten nur immer wieder preußische Werber durchs Land und rekrutierten Soldaten. Die Herzöge in Schwerin und Neustrelitz verdroß es. Als der Siebenjährige Krieg begann, schlug sich Mecklenburg-Schwerin auf die Seite von Friedrichs Gegnern.

Es war wie das gesamte übrige Europa der begründeten Meinung, Preußen könne einen solchen Kräftevergleich unmöglich gewinnen. Schwerin erhoffte für sich im Fall von Friedrichs Niederlage den Besitz von Teilen der Priegnitz und der Uckermark. Es schloß einen Vertrag mit Frankreich und verbündete sich mit Schweden. Preußen reagierte, indem es Mecklenburg-Schwerin militärisch einnahm, Herzog Friedrich mußte fliehen, nach Lübeck, während seine Armee nach Rügen retirierte. Die Herzogin blieb in der verwaisten Residenz allein zurück und schrieb ihrem Mann traurige Briefe.

Mecklenburg-Strelitz blieb hingegen neutral. Dies konnte weder die wiederholten Streifzüge von Friedrichs Werbeoffizieren noch den gelegentlichen Durchmarsch von Friedrichs Armeen verhindern, doch verglichen mit den Kriegskontributionen, die Schwerin den Preußen zahlen mußte, in der Höhe von runden sieben Millionen Talern, erging es Strelitz immer noch einigermaßen glimpflich. Im Jahre 1762 schlossen die beiden gegen Friedrich verbündeten Staaten Schweden und Mecklenburg-Schwerin dann mit Preußen den Friedensvertrag von Hamburg. Die brandenburgischen Besatzer zogen ab.

Der Strelitzer Fürst jener Jahre war Herzog Adolf Friedrich IV. Er benahm sich, gelinde gesagt, etwas sonderbar. Er gab viel mehr Geld aus, als er hatte, was freilich in seinen Kreisen das übliche war. Er baute verschiedene Lustschlösser. Auf dem Tollensesee ließ er eine Gondel fahren. Sein Lieblingsaufenthalt wurde Neubrandenburg, wo er sich ein Palais bauen ließ, dessen Hauptattraktion zahlreiche Blitzableiter wurden, denn Adolf Friedrich fühlte immer eine außerordentliche Furcht vor Gewittern. Er holte Schauspieler ins Land und ließ ihnen ein Theater errichten, aber seine liebsten Schauspiele inszenierte er sich selbst. Er spritzte Wasser durch Schlüssellöcher und freute sich an den entsetzten Reaktionen derer, die es traf. Fritz Reuter hat diesen Mann in niederdeutscher Prosa portraitiert, als *Durchläuchting*.

Für die Zivilisierung ihres Herzogtums haben dann auch die Schweriner das eine und andere getan.

Herzog Friedrich, der glücklose Fürst des Siebenjährigen Krieges, hatte seine Residenz mehr und mehr in ein Jagdschloß verlegt, das sich in dem einstigen Dorfe Klenow befand, in der »griesen Gegend«, einer besonders armseligen Landschaft. Er ließ den Ort zu einer ausgedehnten spätbarocken Anlage erweitern, mit einem neuen, überaus prächtigen Schloß, im Stile von Versailles. Der Architekt hieß Johann Joachim Busch und war ein kleiner Handwerker, der es bis zum Hofbaurat brachte. Bereits Friedrichs Vater hatte Klenow umbenannt in »Ludwigs Lust«, und Thomas Nugent, ein Brite, der in Mecklenburg gereist ist und ausführlich darüber geschrieben hat, lobte, »weder Alkinoos noch irgendeiner in den alten Sagen erwähnten Helden könnte das, was Kunst und Natur in diesem Teil der Welt geschaffen haben, übertreffen«.

Friedrichs Sohn Friedrich Franz I. machte im Jahre 1793 Doberan zu seiner Sommerresidenz. Er ließ, nach 1795, in einiger Entfernung und direkt an der Küste, ein Badehaus und mehrere Badehütten errichten. Das Gelände trug den einer frommen Sage verpflichteten Namen Heiliger Damm und wurde das allererste deutsche Ostseebad. Ohne es zu wissen, hatte Herzog Friedrich Franz eine Einrichtung gestiftet, die entschieden in die wirtschaftliche Zukunft wies und sich darin vorteilhaft abhob von vielem im Lande, was finstere Vergangenheit war.

Seinem Beispiel sollten die Fürsten von Putbus folgen. Sie errichteten ab 1818, im Zusammenhang mit dem Ausbau ihrer Residenz, das Kurbad Putbus-Lauterbach. Es war der Anfang des Bädertourismus auf der Insel Rügen.

Da hatte es in Frankreich längst eine siegreiche Revolution gegeben, mit Bastillesturm, Jakobinerdiktatur und Guillotine, mit Nationalversammlung, Sieg über die Interventionsarmeen und Triumph der bürgerlichen *jeunesse dorée.* Die beiden Mecklenburgs spürten davon fast nichts. Bloß in Schwerin rebellierten ein paar Schneider, in Rostock ein paar Gerber. Friedrich Franz ließ mehrere Geschütze auffahren, er befahl seinen Husaren auszureiten, und gleich war wieder Frieden.

Im Jahre 1800 kam es nochmals zu Unruhen. Güstrow und Rostock litten unter einer plötzlichen Verknappung von Lebensmitteln, verursacht durch die spekulativen Hamsterkäufe örtlicher Großhändler. Der Hunger trieb das niedere Volk auf die Straße, und diese sogenannte Butterrevolution bewirkte dann, daß von den Dörfern alsbald Nahrungsmittel herbeigebracht wurden, damit die Revolte nicht etwa um sich griff.

Das geschah sechs Jahre vor dem Sieg Napoleons bei Jena und Auerstädt. Preußische Truppen jagten durchs Land, verfolgt von den triumphierenden Franzosen, die sich dann für ein paar Jahre hier einrichteten. Preußens Königin Luise, eine gebürtige Mecklenburg-Strelitz, intervenierte bei Napoleon. Ihr rührender Auftritt war vergebens. Es kam zum Frieden von Tilsit, und für Mecklenburg begann, was Fritz Reuter später *Franzosentid* genannt und in einem Buch beschrieben hat.

In Vorpommern gab es damals noch das Zwischenspiel des preußischen Husarenmajors von Schill. Der führte im Jahre 1809 seinen patriotischen Privatkrieg gegen Napoleon, denn seine Absicht war es, die Volksmassen mitzureißen und Preußen zu einer Wiederaufnahme des Krieges zu

Illustration zu Fritz Reuters »Ut de Franzosentid«.

zwingen. Es gelang ihm der eine und andere militärische Erfolg, so bei Damgarten, dann mußte er sich nach Stralsund zurückziehen. Er verteidigte die Stadt gegen eine feindliche Übermacht und verschmähte die angebotene Flucht nach England. Er wurde gefangengenommen, als die Stadt sich ergab. Er wurde in die Festung Wesel gebracht und dort mitsamt elf seiner Offiziere erschossen.

Mecklenburg mußte dem Rheinbund beitreten. Der Handel mit Großbritannien, eine Haupteinnahmequelle der Seestädte, wurde wegen der napoleonischen Kontinentalsperre völlig eingestellt. Französische Zöllner überwachten das Auslaufen der mecklenburgischen Schiffe. Schwerin mußte dem Rheinbund 1800 Soldaten stellen, Strelitz ein knappes Viertel davon, und daß die beiden Herzogtümer überhaupt davonkamen, verdankten sie dem russischen Zaren, der sich nachdrücklich für ihre Existenz verwendet hatte.

Das Deutsche Reich gab es nicht mehr. Friedrich Franz forderte für sich gleich die volle Souveränität und führte fortan den Titel Großherzog, mit der formellen Anrede Königliche Hoheit. Er wollte noch die alte Landesverfassung außer Kraft setzen, aber da stieß er alsbald auf den Protest der Stände, und da er völlig verschuldet war, ließ er sich seine kühnen Absichten erfolgreich wieder abhandeln, für 46,5 Millionen Taler.

Als einer der ersten trat er dann dem Bündnis zwischen Rußland und Preußen bei und rief zur Bildung eines Volksheeres auf, nach preußischem Vorbild, das seinerseits auf die Armeen des revolutionären Frankreich zurückging. Aus beiden

Mecklenburg rückten fast 3000 Soldaten in den Befreiungskrieg. Berühmteste Tat der Mecklenburger war die Eroberung eines französischen Feldzeichens in der Schlacht von Katzbach. Berühmtestes Landeskind war der Marschall Leberecht Blücher, der in seinem langen Leben schon bei verschiedenen Armeen gekämpft hatte, mal für Preußen und mal dagegen.

Einer der mecklenburgischen Dichter von einigem Rang, Ludwig Theobul Kosegarten aus Grevesmühlen, hatte einmal gereimt:

Ich bin ein Obotrite,
Bin meines Landes wert
Und freu' mich meines Landes
Und weih ihm Harf' und Schwert.

Die von den Franzosen einst entführten Kunstschätze kehrten nach Mecklenburg zurück, und der Fürst Blücher erhielt in seiner Geburtsstadt Rostock ein schönes Denkmal, geschaffen von Schadow.

Vom Wiener Kongreß bis 1850: Alles bliwt bi'n Ollen. Ansonsten: Weltkunst

Der Wiener Kongreß von 1815 bestätigte dem Schweriner Fürsten seinen Großherzogsrang. Auch der Strelitzer hatte nun diesen Titel. Vorpommern war nach fast zwei Jahrhunderten aus schwedischem Besitz entlassen und wurde nunmehr mit Hinterpommern vereint zu einer einzigen preußischen Provinz.

Dies erfolgte einigermaßen geräuschlos. Besonders geschickt war es von Berlin, den letzten schwedischen Gouverneur, Fürst Wilhelm Malte zu Putbus, als Exponenten der Region weiterhin zu halten. Malte wurde nun zum Präsidenten der vorpommerschen Stände gemacht und war außerdem Kurator der bald mächtig aufblühenden Universität Greifswald. Es existierte ein eigener vorpommerscher Kommunallandtag, bis 1881, und auch die Eingliederung Vorpommerns in das preußische Steuersystem geschah erst nach einer mehrjährigen Übergangszeit.

Aus Vorpommern stammte mit Ernst Moritz Arndt ein besonders beharrlicher Vorkämpfer nationaldeutscher Prinzipien. Der Sohn eines leibeigenen Bauern von der Insel Rügen studierte Geschichte und evangelische Theologie, erst in Greifswald, dann in Jena, einem Zentrum deutscher Frühromantik. Er unternahm allerlei Bildungsreisen, bis hin nach Schweden, und veröffentlichte 1803 seinen »Versuch einer Geschichte

Caspar David Friedrich: Greifswalder Hafen, Gemälde um 1820 (zerstört).

der Leibeigenschaft in Vorpommern und Rügen«. Das Buch erregte großes Aufsehen und bewirkte, daß schon drei Jahre später in Schwedisch-Pommern die Leibeigenschaft tatsächlich verschwand. Arndt wurde dann zum eifernden Propagandisten der antinapoleonischen Bewegung, dichtete Lieder wie »Was ist des Teutschen Vaterland« und »Der Gott, der Eisen wachsen ließ« und ließ, je älter er wurde, desto unverhüllter seine chauvinistischen Neigungen erkennen.

Aus Schwedisch-Pommern stammten noch ein paar andere bedeutende Talente jener Zeit: Caspar David Friedrich, der romantische Landschaftsmaler, Sohn eines Seifensieders aus Greifswald, und Philipp Otto Runge, Kaufmannskind aus Wolgast, ein Maler manieristisch-romantischer Portraits und Allegorien, außerdem Sammler vieler pommerscher Märchen, deren bekanntestes das vom Fischer und seiner Frau ist.

Die Bauernbefreiung in Vorpommern führte durchaus nicht, wie man hätte meinen können, zu einem Aufschwung der dortigen Landwirtschaft. Die vormals Leibeigenen mußten ihre Freiheit mit dem völligen Verzicht auf das vorher von ihnen bewirtschaftete Land bezahlen. Ein Strom besitzloser Auswanderer ergoß sich in die großen Städte und ins Ausland, bis hin nach Amerika. Die nochmals gewachsenen Riesenflächen der pommerschen Grundbesitzer konnten bald nur noch mit polnischen Wanderarbeitern bestellt werden.

In Mecklenburg wurde die Leibeigenschaft erst 1820 aufgehoben, nachdem einer der Grundherren, der Reichsfreiherr von Maltzahn, dergleichen für seinen Besitz schon im Jahre 1816 verfügt hatte. Die Motive waren nicht etwa das soziale Erbarmen, sondern die nackte wirtschaftliche Vernunft. Der unfreie Bauer auf den Feldern des Großgrundbesitzes empfand keinerlei Leistungsanreiz. Die Resultate der mecklenburgischen Schlagwirtschaft blieben weit hinter den Erwartungen und Möglichkeiten zurück. Man hoffte nun, durch Tagelöhner und Pächter zu besseren Ergebnissen zu gelangen.

Wie in Vorpommern schuf die plötzliche Einführung der Freizügigkeit für das Landvolk zunächst aber nur neue Probleme und Schwierigkeiten.

Auch hier kam es verbreitet zu Migrationen. Teilweise ließen sie sich dadurch auffangen, daß, vor allem auf dem Domanium, das war der herzogliche Grundbesitz, Pachtstellen geschaffen wurden. Jene, die sie erhielten, hatten damit ihren Daseinszweck und eine neue Heimat. Die übrigen zogen weiter umher, mittel- und ziellos. Die fürchterlichen sozialen Probleme des Landlebens in Mecklenburg sollten das gesamte 19. Jahrhundert hindurch fortdauern. Fritz Reuter hat sie in seinem ergreifenden Versepos »Kein Hüsung« beschrieben.

Das wirtschaftlich-soziale Elend des Landes hatte eine geistig-kulturelle Misere zur Voraussetzung wie auch zur Folge.

Ansätze eines Volksschulwesens gab es in Mecklenburg seit dem 17. Jahrhundert. Unter allen deutschen Duodezfürsten war in dieser Sache damals führend Ernst der Fromme von Sachsen-

Gotha gewesen, und der durch ihn geschaffene »Gothaische Schulmodus« wurde wie für andere Länder auch für Mecklenburg maßgeblich, jedenfalls für den Schweriner Landesteil. Überall eröffneten Schulen, die aber, wegen der vorherrschenden Armut in den Familien, nur ungenügend besucht waren. Für ein umfassendes Volksschulwesen gab keine rechtliche Basis. Die in den Dörfern existierenden Zwergschulen unterstanden der kirchlichen Aufsicht, wie nicht anders die Bildungseinrichtungen in den Städten. Dabei sollte es bleiben, so lange in Mecklenburg die Ständeverfassung galt, und das war bis 1918.

Die Ritterschaft zeigte sich an der geistigen Bildung des kleinen Mannes nicht interessiert. Der Preußenreformer Freiherr vom Stein, selber einer vom Stande, hat angemerkt: »Die Wohnung des mecklenburgischen Edelmannes, der seine Bauern legt, statt ihren Zustand zu verbessern, kommt mir vor wie die Höhle eines Raubtiers, das alles um sich verödet und mit der Stille des Grabes umgibt.«

1843 schrieb ein sächsischer Pädagoge, der das mecklenburgische Schulwesen inspizierte: »Wie war es wohl, so fragt man billig, möglich, daß man bei so großem Wohlstande und angesichts der Bildung in deutschen Ländern, seine Untertanen auf so tiefer Stufe zurücklassen konnte? So weit meine Erfahrungen reichen, hatte das seinen Grund wohl in der Besorgnis, es möchte sie ein höherer Grad von Bildung mit ihrer mehr als untergeordneten Stellung unzufrieden machen und eine freie Auffassung von Pflicht und Recht bewirken.«

Ernst Moritz Arndt.

Der Mann hatte recht. Die Julirevolution 1830 in Frankreich erfuhr in Mecklenburg keinerlei Echo. Erst die Volksbewegung von 1848 ergriff dann selbst das Land der Großherzöge von Schwerin und von Strelitz.

In den Städten gründeten sich Reformvereine. An der Rostocker Universität wurden Rufe nach Demokratie laut. Nach den Märzereignissen in Berlin erfaßte den Schweriner Großherzog Friedrich Franz II. offensichtlich die Panik. Eiligst erließ er eine Proklamation an seine Mecklenburger, in der er eine konstitutionelle Monarchie versprach. Die Antwort: begeisterte Zustimmung. In Schwerin demonstrierten die Leute vor dem Schloß. Der verängstigte Adel erklärte jetzt, er wolle auf seine Vorrechte verzichten, »freiwillig und gerne«.

Im April 1848 wurde in Güstrow eine Repräsentativverfassung beraten. In Schwerin wurde ein außerordentlicher Landtag eröffnet. In Neustrelitz trat ein besonders verhaßter Minister zurück. In verschiedenen Gegenden kam es zu Zusammenrottungen und Revolten. Der Großherzog von Schwerin unterzeichnete das neue Staatsgrundgesetz. Es sah ein Abgeordnetenhaus vor, das hinfort die Gesetze beschließen sollte.

Mecklenburg-Strelitz schloß sich dieser Verfassung nicht an, und als die Frankfurter Nationalversammlung gescheitert war und anderswo in Deutschland die Restauration siegte, fochten Mecklenburgs Stände das neue Grundgesetz gleich erfolgreich an. Sie erhielten recht. Im September 1850 wurde die neue Verfassung für ungültig erklärt und die alte landständische Verfassung wieder eingesetzt.

Fritz Reuter notierte später diesen höhnischen Text einer mecklenburgischen Konstitution: »§ 1: Alles bliwt bi'n Ollen; § 2: Wenn sick de Pirdjungens, Schepers un Kauhirders slagen willen, känen sei dat dauhn, un keiner hett sick dor mang tau stecken; § 3: (fehlt); § 4: (item) usw.«

Fritz Reuter hatte frühzeitig mit den Institutionen der deutschen Unfreiheit seine Konflikte erlebt. Als Burschenschaftler war er 1836 wegen Hochverrats zum Tode verurteilt und dann zu 30jähriger Festungshaft begnadigt worden, die er unter anderem im mecklenburgischen Dömitz verbüßte. 1840 kam er durch eine Amnestie wieder frei. Zehn Jahre lang war er Wirtschaftsgehilfe auf einem Gut, *Strom.* 1848 schloß er sich einem Reformverein an.

Die radikalen Demokraten an der Rostocker Universität, die Professoren Tück, Wiggers und Wilbrand, wurden 1850, nach dem Sieg der Reaktion, erst bei vollem Gehalt entlassen, dann verhaftet, schließlich des Hochverrats angeklagt und zu mehrjähriger Festungshaft verurteilt. Ihre Biographien lesen sich wie Spiegelbilder von Fritz Reuters Lebenslauf. Alles bliwt bi'n Ollen.

Mit einer Literatursprache im Norddeutschen Bund

Die wichtigste kulturelle Leistung Mecklenburgs im 19. Jahrhundert war von der belletristischen Art: Fritz Reuter machte das Niederdeutsche zur Literatursprache.

Der Verfasser des großen Gesellschaftsromans »Ut mine Stromtid« besaß Vorläufer: den holsteinischen Dichter Klaus Groth und den gebürtigen Rostocker John Brinckmann, einen umtriebigen Menschen, den es bis nach New York verschlug und der schließlich als Schulmann in Güstrow lebte. Groth, Reuter und Brinckmann haben eine Belletristik von hohem Rang geschaffen und damit das Plattdeutsche vom eher verachteten Argot kleiner Leute zur respektierten Kunstsprache erhoben. Angemessene Nachfolger fanden sie freilich nicht, und die späteren Autoren von Bedeutung, die aus Niederdeutschland stammten, haben durchweg wieder die hochdeutsche Schriftsprache benutzt. Das Platt verkam zum Dialekt einer trivialen Unterhaltung, was noch am bekanntesten der Reuter-Epigonen, Rudolf Tarnow, ablesbar wird.

Schon beim späten Reuter gibt es etwas, das man vielleicht den Geist einer gemütvoller Verzeihung nennen könnte. An die Stelle der Anklage tritt der Humor, und die soziale Deformation erscheint nurmehr als skurrile Absonderlichkeit. An den Tatsachen des Elends ist nicht zu rütteln, denn sie sind unübersehbar, aber lohnt es die Empö-

Fritz Reuter.

rung? Vielleicht ist es vernünftiger, sich mit dem Vorgegebenen klaglos abzufinden, indem man nach dessen möglichen Vorzügen fragt.

Dies ist nun gewiß nicht mehr die Haltung Fritz Reuters, höchstens deren mißverstandene Interpretation. Sie läuft hin auf jene kleinbürgerlichen Idylliker, bei denen die ländliche Rückständigkeit geradezu als Charme und Tugend erscheint. Das liest sich so: »Niemals hat die norddeutsche Tiefebene Bauwerke hervorgebracht, so eins mit ihr und so voll großer Ruhe wie die Strohdachhäuser der Bauern … Da ruht schlichte Schönheit neben reiner Zweckmäßigkeit. Um das behäbige Strohdach geht es wie ruhevolles Atmen mütterlicher Liebe, und unter ihm wohnt Güte bei Härte, und sattes Behagen folgt der hart zupackenden Arbeit.« (Johannes Gillhoff).

Ähnliches gilt für die agrarischen Regionen Vorpommerns. Das Elend gab es dort ebenso und auch seine belletristische Vergoldung. Auf der Führungsebene existierten zusätzlich die engen verwandtschaftlichen Beziehungen zwischen den Hohenzollern und den mecklenburgischen Großherzogshäusern, und so darf nicht erstaunen, wenn, aller mecklenburgischen Aversion gegen Preußen zum Trotz (die sich dem einstigen Wüten der friderizianischen Werber verdankte), Mecklenburg 1866 auf die Seite Bismarcks trat und militärische Unterstützung leistete.

Entsprechend gehörte Mecklenburg zum Norddeutschen Bund, und so kam es zu dem bizarren Ergebnis, daß Mecklenburg hier erstmals demokratisch mitwirken durfte, während die innere Verfassung des Landes die alte vordemokratisch-ständische blieb. Diese Situation setzte sich 1871, nach der Reichsgründung, unverändert fort. Wie schon zuvor im Rahmen des Norddeutschen Bundes wurden auch jetzt wiederholt Novellierungen der innermecklenburgischen Zustände versucht, selbst auf großherzogliche Anregung hin, doch sie scheiterten immer wieder am Widerstand der Rittergutsbesitzer.

1862 war das Recht auf Bauernlegen noch einmal ausdrücklich per Gesetz bestätigt worden. Die Rittergutsbesitzer aber waren beileibe nicht mehr durchweg die alten Aristokraten. Mehr und mehr hatten sich bürgerliche Unternehmer in die alten Besitzungen eingekauft. Sie hielten und nutzten nun zusammen mit den Gütern die alten feudalen Vorrechte. Zum Reichstag, sagte ein Historiker, habe das gesamte mecklenburgische Volk wählen dürfen, im Landtag habe es keinerlei Mitbestimmung besessen.

Mecklenburg wurde, wie auch Vorpommern, an das Eisenbahnnetz angeschlossen. Man begann mit dem Ausbau der zumeist miserablen Chausseen und Straßen. In den Städten entstanden kleine verarbeitende Industrien. Ein erheblicher wirtschaftlicher Rückschlag für die gesamte Küstenregion bedeutete hingegen das Ende der Segelschifffahrt.

Sie hatte sowohl in Rostock wie auch vor allem auf dem Fischland zur Mitte des 19. Jahrhunderts noch einmal eine beträchtliche Konjunktur erfahren, vornehmlich durch den Krimkrieg. Das Aufkommen der *Stinkbüdels* und *Füerfreters*, also der

Der Alte Hafen von Wismar im 19. Jahrhundert, zeitgenössische Radierung.

Dampfschiffahrt, machte alledem dann ein Ende. Die wichtigen Reedereien saßen jetzt in Hamburg und Bremen, die großen Häfen befanden sich ebendort, und die Fischländer mußten sich, wenn sie ihrem alten Gewerbe nachgehen wollten, dort als Matrosen anheuern lassen. Zurück blieben, in zunehmender Verarmung, ihre Familien, die nicht einmal mehr den Vorzug hatten, das Strandgut von Havaristen einzusammeln. Die Stinkbüdels havarierten nicht sehr oft.

Erblasten und politische Schwerkraft: Von der Reichsgründung in die neue Bundesrepublik

Mit der Gründung des Deutschen Reiches durch Bismarck hatte die alte mecklenburgische Eigenständigkeit eigentlich aufgehört. Was der Region blieb, war bloß noch politische Folklore, und jedenfalls war es die materielle Rückständigkeit.

Sie ist vielfach dokumentiert, in Statistiken, in Reiseberichten, in belletristischen Erinnerungen. Ehm Welk, der norddeutsche Autor, hat ein mecklenburgisches Dorf vor dem 1. Weltkrieg portraitiert, in seinem Roman »Die Heiden von Kummerow«. Das will keine böse Anklage sein, eher ein gemütvolles Buch, handelnd von den Streichen und Sehnsüchten Halbwüchsiger, und eben wegen ihrer Unabsichtlichkeit gerät die soziale Zeichnung nur um so härter:

»... im Dorf lagen durcheinander große Bauernhöfe mit vier Pferden, Freimannswirtschaften mit zwei Pferden, Kossäten mit einem Pferd und Einspänner, die so hießen, weil sie gar kein Pferd hatten. Es gab auch Büdner mit etwas Gartenland am Haus. Wer sich kein Pferd halten konnte, ackerte dennoch nicht mit einer Kuh, eine Kuh vor den Pflug oder Wagen zu spannen, das ließ der Kummerower Stolz nicht zu, lieber ließen sie sich das Feld von einem Bauern pflügen und arbeiteten die Kosten ab, indem sie bei der Ernte halfen. Mitten zwischen den Bauernhöfen lagen die Tagelöhnerhäuser vom Gut. Und das war es, was die

Ehm Welk.

anderen in ihrem Besitzerstolz den Kummerower Bauern vorwarfen, denn diese Tagelöhnerhäuser hatten nun mal die Dürftigkeit an sich und in sich. Doch das fiel nicht weiter auf, da es in den anderen Dörfern nicht besser war und nicht nur vom Grafen, Pastor, Schulzen und den Bauern als in Ordnung angesehen wurde, sondern auch von den kleinen Kossäten und den gräflichen Tagelöhnern.«

Der Graf ist mit der Jagd beschäftigt. Der Gutsverwalter schikaniert die Leute. Der Pastor, versoffen, kaisertreu und mit eigenem Acker, ist zugleich Dorfschullehrer, gemeinsam mit dem Kantor, einem verkümmerten Liberalen. Der Dorfhirte, einstiger Strafgefangener, arbeitet und lebt hier nur während des Sommers, sein Lohn ist die tägliche Ernährung. Die Armut ist ein Gottesgericht:

»Andreas Bärensprung, einst Tagelöhner auf dem Gut, hatte drei Söhne und ein Bein verloren. Das heißt, die Söhne waren in die weite Welt gegangen, einer nach dem andern, obwohl der Graf getobt hatte, denn da Andreas Bärensprung wegen seines fehlenden Beins kein vollwertiger Arbeiter war, hatten seine drei kräftigen und gesunden Söhne den mangelnden Arbeitswert des Heldenbeins ersetzen sollen. Nun war die Rechnung des Grafen nicht aufgegangen ... Da ... Vater Bärensprung nicht mehr arbeitete, hatte ihn der Graf aus dem Leutehaus geworfen; er war nun der Gemeinde zur Last gefallen und ins Armenhaus gekommen.«

Der aus Rostock gebürtige Schriftsteller Walter

Kempowski hat in mehreren Büchern die Chronik seiner eigenen Familie aufgeschrieben. Der Sippe gehörte eine Reederei. Sie war nicht groß und darin durchaus symptomatisch für die wirtschaftliche Behäbigkeit und heimliche Stagnation der einst so mächtigen Hansestadt:

»Eine kleine Rundfahrt durch die Stadt gefällig? Nach Hause kommt man noch früh genug? - Die Kaiser-Wilhelm-Straße geht's entlang, wo die elektrische Bahn blaue Funken spritzt: eine Villa neben der anderen, die Türmchen und Giebel eingepackt in Schnee, und jeden Besitzer kennt Karl, und laut repetiert er ihre Namen: Konsul Besendieck - Holzhändler vor dem Petritor (als das Holzlager damals brannte!) - und Ohlerich, ein übler Konkurrent, total versoffen. Und, nicht zu vergessen: Menz, Lacke und Farben en gros: herrliche Befrachtungen, außerordentlich erfreulich. - ›Der hat 'n netten Sohn, den werden Sie noch kennenlernen; ein ganz prachtvoller Mensch.‹ - Nach Konsul Besendiek hat Robert Wilhelm Kempowski seine beiden Schiffe genannt, nach ihm und dessen Frau. Nicht nach sich und seiner Frau, denn: ›Wir wissen ja, wie wir heißen!‹ Und wenn die Firma noch weitere Schiffe erwirbt, was gar nicht so ausgeschlossen ist, dann wird man sie auch nicht nach sich nennen, sondern vielleicht nach den Menzens, wer weiß.«

Noch bis in die dreißiger Jahre unseres Jahrhunderts hinein lebte die Hälfte aller Menschen Mecklenburgs von der Landwirtschaft. Auf den Dörfern füllten sich Herbst um Herbst die Schnitterkasernen mit polnischen Wanderarbeitern. Die

Dorfpfarrer wurden weiterhin in Naturalien entlohnt. Das Schulwesen blieb kümmerlich, und der Anteil von Analphabeten war einer der höchsten im Deutschen Reich.

Das einzige Gewerbe mit Konjunktur und Zukunft war die Fremdenindustrie. Zwischen 1880 und 1910 wurde die gesamte Ostseeküste zwischen Boltenhagen und Ahlbeck mit Bädern bestückt. Einfache Fischerdörfer legten sich pompöse Kurpromenaden und weißgetünchte Pensionen im englischen Stil zu. Die feinsten Adressen lagen zunächst auf Rügen und auf Usedom.

Als um 1900 allüberall in Deutschland die Künstlerkolonien aufkamen, gab es auch eine in Mecklenburg, nämlich in Schwaan, und eine in Vorpommern, nämlich in Ahrenshoop. So bedeutsam wie Worpswede oder Dachau waren sie beide nicht. Jene in Schwaan brachte ein paar achtbare Kleinmeister hervor. Jene in Ahrenshoop hat vor allem dafür gesorgt, daß die Halbinsel Darß touristisch entdeckt und erschlossen wurde.

Der bedeutendste bildende Künstler Mecklenburgs in diesem Jahrhundert heißt Ernst Barlach, der eigentlich aus Holstein stammte. Der bedeutendste Schriftsteller Vorpommerns hieß Hans Fallada und lebte lieber in Berlin. In seinem Roman »Wolf unter Wölfen« hat er beschrieben, wie das Ende des I. Weltkriegs und die folgenden Anfänge der Weimarer Republik auf den ostelbischen Großgrundbesitz kamen.

1918 hörte in Mecklenburg die Feudalherrschaft auf. Der Großherzog in Schwerin demissionierte, der von Strelitz hatte sich ein paar Monate

Ernst Barlach in seinem Atelier, 1937.

zuvor umgebracht und war ohne Nachwuchs. Die beiden Mecklenburg wurden jetzt zwei selbständige Freistaaten mit jeweils eigenem Parlament. Die Regierungen wurden wechselnd von verschiedenen Parteien gestellt. Ab Juni 1932 regierte Adolf Hitlers NSDAP. Ab 1934 gab es ein einheitliches Land Mecklenburg mit der Hauptstadt Schwerin.

Entsprechend ihrer Blut- und Bodengesinnung taten die Nazis mancherlei für die Förderung der bäuerlichen Landwirtschaft. Die Zahl der Höfe nahm zu, das galt für Mecklenburg so gut wie für Vorpommern. Der Bädertourismus geriet in den Griff der Nazi-Organisation »Kraft durch Freude«, die sich besonders auf Rügen ausbreitete, und später erhielt die Gegend eine gewisse militärische Bedeutung, als im II. Weltkrieg Peenemünde auf der Insel Usedom zum Standort jener Geheimwaffe wurde, die hernach V 2 hieß und Mutter aller Weltraumraketen war. Man folgte darin einer alten vorpommerschen Tradition. Otto Lilienthal, der Flugpionier, stammte aus Anklam.

Die Kriegsereignisse bescherten fast allen Städten der Region erhebliche Zerstörungen durch Bombenangriffe. Die Besetzung erfolgte zunächst durch britische Einheiten, später gehörte alles Mecklenburg und Vorpommern zur Sowjetischen Zone. Das Land erhielt seine alten Verwaltungsfunktionen zurück, erweiterte sich um die vorpommerschen Gebiete und wurde ab September 1946 von der SED regiert. Es gab eine Bodenreform. Neubauernstellen wurden geschaffen und existierten ein paar Jahre, ehe dann, durch die Kollektivierung der Landwirtschaft in den fünfziger und sechziger Jahren, die alte Großflächenwirtschaft wiederkehrte.

1952 erfolgte eine Aufteilung des Landes in die drei Verwaltungsbezirke Schwerin, Rostock und Neubrandenburg. Die DDR leistete einiges, um den drei einstigen Hansestädten eine aufwendige Werftindustrie zu bescheren, Rostock erhielt einen neuen Großhafen, und Peenemünde war wieder abgeschlossenes Militärgelände. Die DDR kümmerte sich um die Volksbildung auf dem Land. Überhaupt muß gesagt werden, daß Ulbrichts und Honeckers Realsozialismus in die Dörfer Mecklenburg-Vorpommerns so etwas wie einen Zivilisationsschub brachte. Er wurde durch eine künstliche Konjunktur der Agrarwirtschaft erkauft, die nach 1989 prompt zusammenbrach.

Die Region hat, ihrer Überlieferung getreu, auch jetzt immer wieder ein paar bedeutende künstlerische Talente hervorgebracht: Vorpommern etwa mit dem Schriftsteller Wolfgang Koeppen, der aus Greifswald gebürtig ist und in seinen eindrucksvollen autobiographischen Texten das Milieu der alten Hansestadt einfühlsam nachzeichnet, und mit Hans Werner Richter, der aus Bansin auf Usedom stammt und dessen Romanbücher manchmal dort spielen. Der eine Generation jüngere Romancier Uwe Johnson wuchs in Güstrow auf, der Stadt Ernst Barlachs. In allerlei durchsichtigen Verfremdungen wird sie zu einem ständig wiederkehrenden Schauplatz fast aller seiner Bücher. Am ausführlichsten geschieht dies in dem großen Romanzyklus »Jahrestage«, Johnsons letzter Arbeit, wo das Personal der Familie Cresspahl mehr als ein Halbjahrhundert mecklenburgischer Geschichte begleitet.

Seit 1990 gibt es wieder das Land Mecklenburg-Vorpommern, regiert von der Landeshauptstadt Schwerin. Die politische Befreiung mußte durchweg mit schweren ökonomischen Erschütterungen bezahlt werden und äußert sich auch in politischen Delirien, von denen die schlimmste auf den Namen Fremdenfeindlichkeit hört. Der humoristische Dichter Joachim Ringelnatz, ein beharrlicher Besucher der Region, hat ein Gedicht geschrieben, dessen Inhalt immer noch Gültigkeit beanspruchen darf und dem erst beim zweiten Wiederlesen anzumerken ist, daß es sich auch um eine Hommage handelt:

Blöde Bauern, die den biedern
Gruß der Bürger nicht erwidern,
Menschen, die mit halbem Nicken
Danken, ohne aufzublicken.
Prüde, scheue Frauen, leise
Kinder, würdevolle Greise...
Aber wenn an Dorf und Feld und
Wald vorbei dein Schnellzug braust,
Du aus deinem Wagen schaust:
Ja dann stehen - stehn auch diese
Ganz dir zugewandt am Hange,
Vor dem Stalltor, auf der Wiese.
Und sie winken. Winken lange.
Grüßen voll und grüßen frei
Dich und deine Fahrtgenossen.
Und die reinste Liebe wird vergossen.
Im Vorbei.

Chronik

10000–3000 v. Chr.	Mittelsteinzeit
3000–1600 v. Chr.	Jungsteinzeit. Dolmengräber
1600–600 v. Chr.	Bronzezeit. Jastorfleute
600 v. Chr. bis 400 n. Chr.	Völkerwanderung
600 n. Chr.	Eindringen westslawischer Völker in Mecklenburg und Vorpommern
789	Krieg Karls des Großen gegen die Wilzen
um 900	Wikingereinfälle in Vorpommern
983	Slawenaufstand
1147	Wendenfeldzug
1160	Beginn des Feldzuges Heinrichs des Löwen. Tod Niklots. Gründung des Bistums Schwerin
1167	Belehnung Pribislaws mit Mecklenburg durch Heinrich den Löwen
1168	Dänische Eroberung Rügens. Zerstörung des Swantewit-Heiligtums
1171	Gründung von Kloster Doberan
1227	Schlacht bei Bornhöved
1229	1. Teilung Mecklenburgs
1239	Gründung Stralsunds
1325	Aussterben des Rügener Fürstenhauses
1389	Albrecht III. von Mecklenburg wird schwedischer König

1419	Gründung der Universität Rostock
1456	Gründung der Universität Greifswald
1549	Landtag beschließt Reformation für ganz Mecklenburg
1621	2. Teilung Mecklenburgs
1628	Wallenstein in Güstrow
1630	Landung Gustav Adolfs in Pommern
1648	Westfälischer Friede. Vorpommern, Poel und Wismar gehen an Schweden
1701	3. Teilung Mecklenburgs in Schwerin und Strelitz
1720	Brandenburg erhält Teile Vorpommerns
1803	Rückgabe Wismars an Mecklenburg
1815	Vorpommern wird preußisch. Fürsten beider Mecklenburgs sind Großherzöge
1820	Aufhebung der Leibeigenschaft in Mecklenburg
1866	Beitritt Mecklenburgs zum Norddeutschen Bund
1918	Beide Mecklenburgs werden Freistaaten
1933	Bildung des einheitlichen Landes Mecklenburg
1945	Vereinigung von Mecklenburg und Vorpommern
1952	Bildung der Bezirke Schwerin, Rostock und Neubrandenburg
1990	Neubildung des Landes Mecklenburg-Vorpommern